MENINOS MALABARES

BRUNA RIBEIRO

FOTOS DE
TIAGO QUEIROZ LUCIANO

MENINOS MALABARES

RETRATOS DO TRABALHO
INFANTIL NO BRASIL

Texto © Bruna Ribeiro
Foto © Tiago Queiroz Luciano

Diretor editorial
Marcelo Duarte

Diretora comercial
Patth Pachas

Diretora de projetos especiais
Tatiana Fulas

Coordenadora editorial
Vanessa Sayuri Sawada

Assistente editorial
Olívia Tavares

Projeto gráfico, diagramação e capa
Estúdio Insólito

Preparação
Boris Fatigati

Revisão
Ana Maria Barbosa
Tássia Carvalho

Impressão
Lis Gráfica

CIP – BRASIL. CATALOGAÇÃO NA PUBLICAÇÃO
SINDICATO NACIONAL DOS EDITORES DE LIVROS, RJ

R367m

Ribeiro, Bruna
Meninos malabares: retratos do trabalho infantil no Brasil/ Bruna Ribeiro; fotos de Tiago Queiroz Luciano. – 1ª ed. – São Paulo: Panda Books, 2021. 112 p.

ISBN: 978-65-5697-110-0

1. Trabalho infantil – Brasil – São Paulo (Estado). Juventude – Emprego – Brasil. I. Luciano, Tiago Queiroz. II. Título.
Bibliotecária: Camila Donis Hartmann – CRB-7/6472

21-70609   CDD: 331.31098161
             CDU: 331-052.3(815.6)

2021
Todos os direitos reservados à Panda Books.
Um selo da Editora Original Ltda.
Rua Henrique Schaumann, 286, cj. 41
05413-010 – São Paulo – SP
Tel./Fax: (11) 3088-8444
edoriginal@pandabooks.com.br
www.pandabooks.com.br
Visite nosso Facebook, Instagram e Twitter.

Nenhuma parte desta publicação poderá ser reproduzida por qualquer meio ou forma sem a prévia autorização da Editora Original Ltda. A violação dos direitos autorais é crime estabelecido na Lei nº 9.610/98 e punido pelo artigo 184 do Código Penal.

A todas as crianças e a todos os adolescentes brasileiros vítimas do trabalho infantil, especialmente àqueles que compartilharam suas histórias neste livro.

SUMÁRIO

9 Introdução

14 **1.** Os meninos coloridos e invisíveis dos faróis

22 **2.** Dia de Finados e a limpeza dos túmulos

30 **3.** Carnaval não é brincadeira de criança

38 **4.** Sob o sol do verão, na praia…

46 **5.** Sono e cansaço nas feiras livres

54 **6.** Evasão escolar e o trabalho no campo

62 **7.** O medo do tráfico

70 **8.** A "grande oportunidade" nas oficinas de costura

78 **9.** O lixão como quintal

86 **10.** A pandemia e a mendicância

94 Um possível recomeço

102 O trabalho infantil no Brasil

107 Os autores

109 Agradecimentos

INTRODUÇÃO

> *Não existe revelação mais nítida da alma de uma sociedade do que a forma como esta trata as suas crianças.*
> — NELSON MANDELA

POR BRUNA RIBEIRO

Alma. Sempre gostei muito dessa palavra. Alma vem de vida. E se, para Mandela, a forma como tratamos as nossas crianças é a revelação mais nítida de nossa alma social, eu me pergunto: como é a nossa alma? Quem somos nós enquanto sociedade?

O trabalho infantil não deveria existir. No entanto, a violação ainda é naturalizada e muitas vezes invisível no Brasil.

Eu tive sorte de, ainda criança, ter tido uma família que me ensinou a olhar para outras realidades além da minha. Os meus pais têm isso como um valor essencial para o desenvolvimento humano. Minha mãe, uma educadora inveterada com mais de quarenta anos de chão de escola, sempre disse a mim e ao meu irmão que o conhecimento era a única coisa que ninguém poderia tirar da gente e que, por isso, a educação era tão libertadora.

Também tive o privilégio de conviver com meu avô Aurélio por 23 anos. Ainda na primeira infância, eu o acompanhava em vários espaços de participação política que ele frequentava. Lembro da emoção de presenciar a apuração de uma eleição pela primeira vez, ainda em cédulas de papel, e também de quando ele me levou a um acampamento de pessoas sem-teto. É como se tivesse me ensinado, entre tantas coisas, a nunca perder a indignação, mas também a ter esperança de tempos melhores.

Os maiores presentes que recebi do meu avô foram textos que ele recortava sobre grandes temas da sociedade e da filosofia – alguns guardados até hoje em uma caixa de memórias, em que estão também bilhetes, fotos antigas e cartas. Em muitas ocasiões, quando precisei me reconectar a mim mesma, recorri à tal caixa. Um desses momentos foi o processo de finalização deste livro. Refleti muito sobre o propósito da obra e qual seria o meu lugar ao contar histórias de trabalho infantil, realidade que passou longe da minha infância protegida.

Trabalho infantil é toda forma de trabalho realizado por crianças e adolescentes abaixo da idade mínima permitida pela legislação de cada país. No Brasil, é proibido para menores de dezesseis anos, mas se for noturno, perigoso ou insalubre, a proibição se estende aos dezoito anos. Na condição de aprendiz, a lei permite o trabalho protegido a partir de quatorze anos. Entre as causas do trabalho infantil estão a desigualdade social, o racismo estrutural e questões culturais. Como consequência, a violação expõe as crianças a violências físicas, psicológicas e sexuais, além de prejudicar a aprendizagem e causar evasão escolar, perpetuando a reprodução do ciclo da pobreza nas famílias.

A resposta veio ao observar os relatos das próprias famílias e dos profissionais da rede de proteção, que expressaram o desejo de contar suas histórias para quantas pessoas quisessem ouvir, ajudando a pautar o debate na sociedade e no Poder Público. Visando humanizar uma das mais graves violações de direitos contra crianças e adolescentes, este livro apresenta dez histórias que retratam a vida daqueles que não tiveram outra opção além do trabalho na infância.

Você vai conhecer, por exemplo, a história de meninos malabares que equilibram cones e tochas de fogo em um desenho nas alturas. Mas o malabarismo pela sobrevivência não é uma exclusividade dos jovens que trabalham pelos faróis da cidade. No interior de São Paulo, em Juquiá, um menino de oito anos trabalha em uma plantação de palmitos. Você vai saber também como uma família de bolivianos conseguiu se libertar da escravidão em uma oficina de costura.

Aqui, há relatos sobre trabalho infantil na praia, na feira, no cemitério, na lanchonete, no Carnaval, além da mendicância durante a crise causada pela pandemia de Covid-19, seguida de uma verdadeira pandemia da fome. Também apresentamos a trajetória de uma família que, com muito esforço, conseguiu romper o ciclo da exploração. As histórias se passam no estado de São Paulo, que concentra a maior produção econômica do país, mas a situação vivenciada pelas crianças paulistas é comum em todo o Brasil. Os relatos revelam o trabalho infantil como consequência de um problema estrutural, exigindo políticas públicas intersetoriais que respondam às mazelas de um dos países mais desiguais do mundo.

Ao meu lado, caminhou Tiago Queiroz Luciano, fotojornalista que capturou com suas lentes muito do que eu não conseguiria traduzir em palavras, construindo um trabalho a quatro mãos. Tudo começou em agosto de 2016, quando o convidei para fotografar os personagens das reportagens que eu vinha produzindo e escrevendo sobre o tema no projeto Criança Livre de Trabalho Infantil, na época chamado Rede Peteca – Chega de Trabalho Infantil, realizado pela Cidade Escola Aprendiz e do qual atualmente sou gestora.

A minha ideia era retratar algumas das piores formas de trabalho infantil no Brasil e as minhas pesquisas sobre o tema se aprofundaram à medida em que o projeto crescia na área, possibilitando o registro de histórias de difícil acesso, uma vez que o contato com as famílias exige fortalecimento de vínculo e credibilidade com as fontes.

Desde então, conversamos com mais de quarenta crianças e adolescentes atingidos pelo trabalho infantil e com seus familiares – todos em vulnerabilidade social e, em geral, negros, o que evidencia a herança escravocrata da violação. Os nomes dos entrevistados são fictícios, a fim de preservar sua identidade. Pelo mesmo motivo, as fotos não mostram os rostos dos personagens.

No final do livro, você encontra números, dados e contextualizações que podem contribuir para uma reflexão mais aprofundada sobre o assunto, com perspectiva histórica, jurídica, cultural e social. Ainda que a importância dos dados seja inquestionável, acredito que a maior riqueza da obra são os perfis desses personagens da vida real. Quando uma história é contada, ela sai da invisibilidade. Ela passa a existir. E o reconhecimento da existência, por si só, é essencial para que, um dia, o trabalho infantil faça parte do passado.

POR TIAGO QUEIROZ LUCIANO

Quando eu era criança, aos dez ou doze anos, brincávamos na rua e, pelo menos entre nós, moleques, as diferenças não eram tão evidentes ou não nos importavam tanto. Fato é que alguns dos meninos moravam em uma pequena favela, erguida precariamente poucas ruas depois da minha casa, e, entre um e outro jogo de bola, eles trabalhavam empurrando carrinho para as mulheres que faziam a feira de sexta-feira.

São vívidas as lembranças dos meninos franzinos, muitas vezes sem camisa, de chinelo, alguns vindos de bairros distantes, levando ladeira acima carrinhos abarrotados com as compras da semana. Eles ficavam em pontos estratégicos oferecendo seu trabalho. Ao fim da jornada, alguns saíam felizes e gastavam as moedas ganhas comendo pastel e tomando caldo de cana, enquanto outros entregavam todo o ganho para suas mães.

Em algum momento nesse passado distante, ouvindo as conversas dos meninos e observando seu corre-corre com os carrinhos de feira, eu também quis ser um "trabalhador infantil". Na minha ingênua concepção, seria minha independência, meu dinheirinho para comprar o pastel e o caldo de cana. Meus pais não deixaram. Chorei e insisti com minha mãe, que, rendida, acabou apelando ao meu pai. Lembro dele falando ao telefone: "Filho, calma, não precisa de pressa para trabalhar, você vai ter que fazer isso pela vida inteira". Sábias palavras. Hoje, lembrando daquela fase, penso que, mais do que o dinheiro, eu queria ser parte daquele grupo de garotos trabalhadores.

Tive sorte de ter pais que não me deixaram trabalhar tão jovem e, sobretudo, uma família que não precisava que eu o fizesse naquele momento. Infelizmente, muitos garotos e garotas, por suas condições sociais e econômicas, são impelidos logo cedo para o ganha-pão em suas mais diversas formas e partem para um mercado informal sem regras e sem direitos. Lembro que a cena dos garotos empurrando os carrinhos pelas ladeiras do bairro não chocava ninguém. Os fregueses da feira, em geral mulheres, sempre elas a cuidar das muitas e árduas tarefas do lar, solicitavam o serviço não por algum desvio de caráter ou pela consciência de abusarem do trabalho infantil, mas por acreditarem estar fazendo bem àqueles meninos.

Pelo menos no antigo bairro da minha infância, não vejo mais crianças fazendo esses carretos, mas uma boa parte da sociedade ainda tolera e até incentiva o trabalho infantil, seja porque ele é visto com certa nobreza e complacência – é o velho ditado "poderia estar roubando, mas está trabalhando" –, seja porque o país parece estar sempre imerso em uma crise econômica que joga os mais desprovidos à própria sorte.

O projeto de contar histórias de trabalho infantil em várias de suas vertentes surgiu em 2015, por meio de uma matéria que fiz sobre os "meninos prateados", crianças e adolescentes que, na ocasião, pintavam o corpo com tinta prateada e ganhavam o dia fazendo malabares nos semáforos da cidade ou pedindo dinheiro nos vagões do metrô paulistano.

Foi um projeto marcante que me fez abrir os olhos para uma realidade ainda muito presente no país. Junto com a colega Bruna Ribeiro, uma grande parceira nesse conjunto de reportagens, fui registrar essas histórias em fotos, como a dos meninos e meninas que passam o Dia de Finados e o Dia das Mães limpando os túmulos dos cemitérios dos bairros mais abastados da cidade.

Bruna precisou me alertar que os adolescentes e crianças que continuam trabalhando nas feiras da cidade, não só como carregadores de carrinho, mas nas próprias bancas, são vítimas do trabalho infantil. Na minha visão, e de boa parte da sociedade, jovens como eles estavam apenas acompanhando os pais, trabalhando, seja nos faróis da cidade – algo tão comum que ninguém parece mais perceber ou se importar –, seja nas oficinas de costura, nas plantações, nos barzinhos ou em blocos carnavalescos. Foram muitas histórias, muitas vidas de jovens e crianças que não mereciam estar trabalhando, mas, sim, estudando ou mesmo brincando, porque brincadeira é coisa séria nessa época da vida.

Espero que este livro, fruto do trabalho de dois repórteres que se sentem impelidos a falar de um tema tão delicado e, por vezes, invisível, ajude a jogar luz sobre um problema cuja solução requer o empenho de todos nós enquanto sociedade.

1.
OS MENINOS COLORIDOS E INVISÍVEIS DOS FARÓIS

Nos faróis da avenida Tiradentes, na região central da cidade de São Paulo, meninos se reúnem nos fins de semana para fazer malabares. Mas não são apenas malabaristas. Com tinta no rosto e fantasiados de palhaços, tornam-se o colorido na cidade cinza. No concreto, a pintura grita. É a busca pela visibilidade, a forma encontrada para dizer: "Olha, gente! Estou aqui!". Um silencioso pedido de socorro, quase inconsciente.

São cerca de vinte garotos da mesma comunidade da Zona Norte. A maioria deles são negros. Todos muito pobres e vítimas do trabalho infantil. Adolescentes de treze, dezessete anos se misturam a jovens de vinte, que também começaram a trabalhar antes da maioridade. Logo pela manhã, organizam-se em subgrupos e tomam o ônibus, que leva meia hora até o destino. Alguns já vão fantasiados. Outros deixam para se arrumar por lá mesmo.

Quando o semáforo fica vermelho para os carros, eles sobem em bancos no meio da avenida. Cones voam. Tochas de fogo, acesas em querosene, fazem um desenho nas alturas. No canteiro central, ficam as mochilas. A rua vira um palco.

Lucas, de 21 anos, foi quem trouxe a arte dos malabares para a comunidade. Ele aprendeu tudo com primos gaúchos, que eram do circo, mas abandonaram a lona para ganhar a vida nas ruas. Ele inspirou os garotos – muitas vezes aliciados pelo crime – a "ganhar dinheiro honesto para ajudar a família".

Antônio, de vinte anos, faz parte desse enredo. Trabalhador desde os quinze, já foi ajudante de jardinagem e operador de motosserra, mas confessa ter se rendido ao tráfico no passado "porque a grana era alta". Quase mil reais diários. Com malabares, eles faturam de cinquenta a cem reais por dia, dependendo da sorte. De roubo, participou duas vezes, mas não gostou e desistiu.

Ironicamente, foi preso por um crime que nega ter cometido. Era 2 de agosto. Alguns amigos pediram ajuda para trocar o pneu de um carro. Antônio – evangélico, como a maioria do grupo – jura por Deus que não sabia que se tratava de um veículo roubado. Ele quis se defender, apanhou da polícia e também bateu, de tanta raiva que sentiu pela injustiça. Fugiu, pulou no rio da favela, levou um tiro e se escondeu em um hospital. Foi preso mesmo assim. No dia seguinte, a vítima não o reconheceu e ele acabou liberado. Apesar disso, precisa se apresentar à polícia de três em três meses, durante quatro anos. Foi indiciado no artigo 180 do Código Penal, por "adquirir, receber, transportar, conduzir ou ocultar, em proveito próprio ou alheio, coisa que sabe ser produto de crime". A escola, ele parou na antiga sexta série.

Quando chegam aos quinze anos, muitos garotos e garotas que trabalham na rua já não estudam mais. Outros vão para a escola à noite, porque durante a semana também fazem malabares em outros cantos da cidade. Antônio quer voltar a estudar e aguarda uma vaga. Perdeu, porém, a data da matrícula. "Arrumar emprego sem estudar é difícil, mas também prefiro a rua, porque me sinto livre. Não gosto de ficar obedecendo chefe. Aqui, eu aprendo muita coisa", diz. Aprende, inclusive, o que não está preparado para assimilar. O trabalho infantil deixou em Antônio fortes cicatrizes.

Palhacinhos, palhacinhos, quanta dicotomia em vocês. Estamos acostumados a enxergar os palhaços como figuras divertidas e generosas que simbolizam a alegria da infância. Mas cadê o brilho nos olhos dos artistas da avenida Tiradentes? Ninguém vê.

O olhar dos palhacinhos em situação de trabalho infantil não brilha, está sempre voltado para baixo. Quando erguido, parece perdido. Qual é o seu sonho? Não sei. O que você mais gosta de fazer? Não sei. Tanta melancolia atrás de uma fantasia, porque trabalho infantil não é brincadeira.

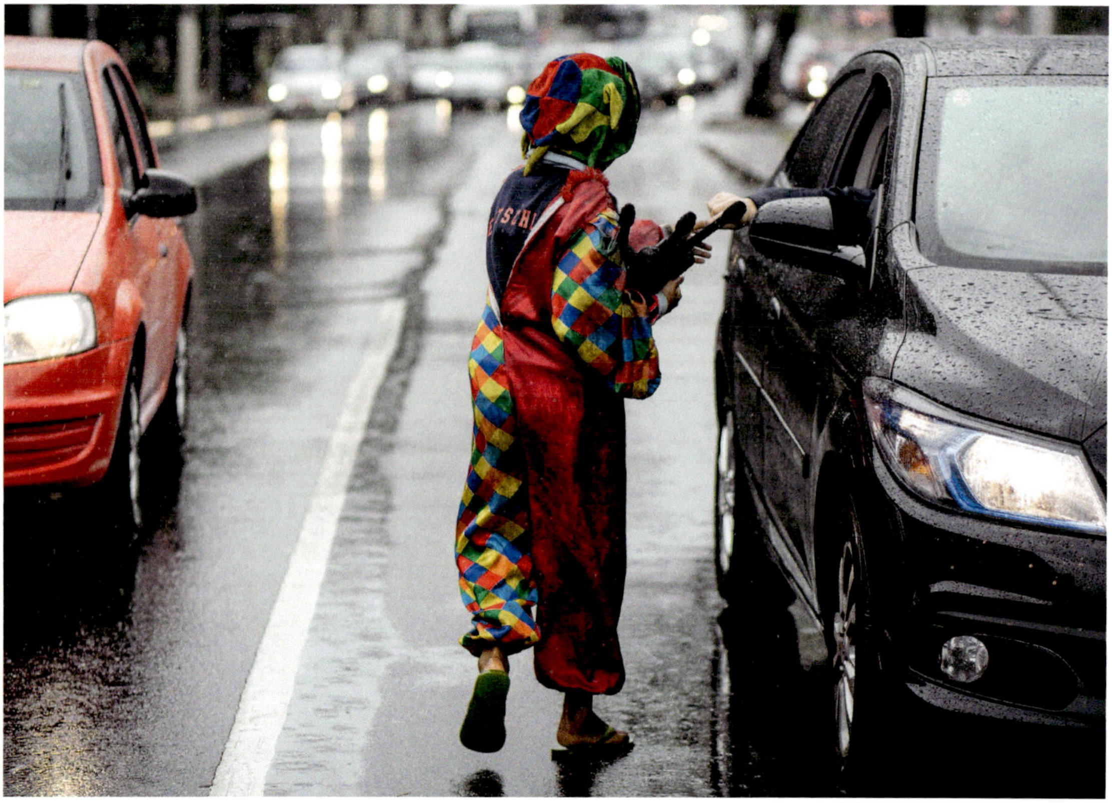

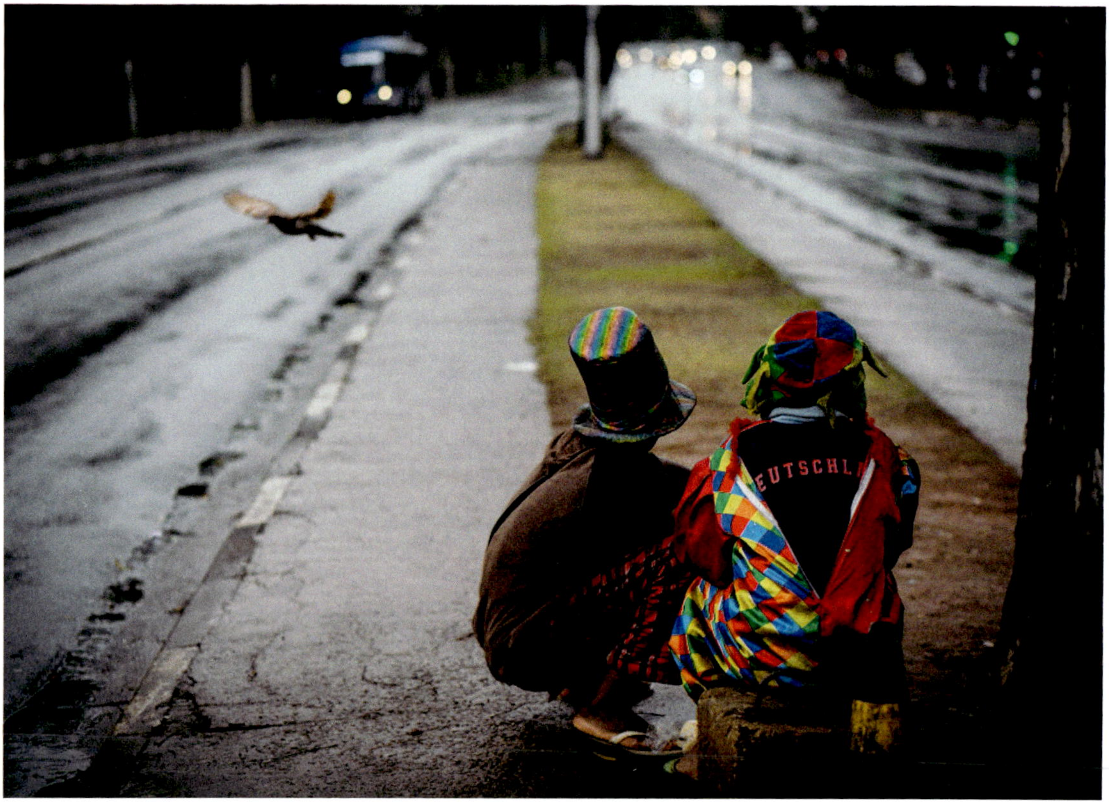

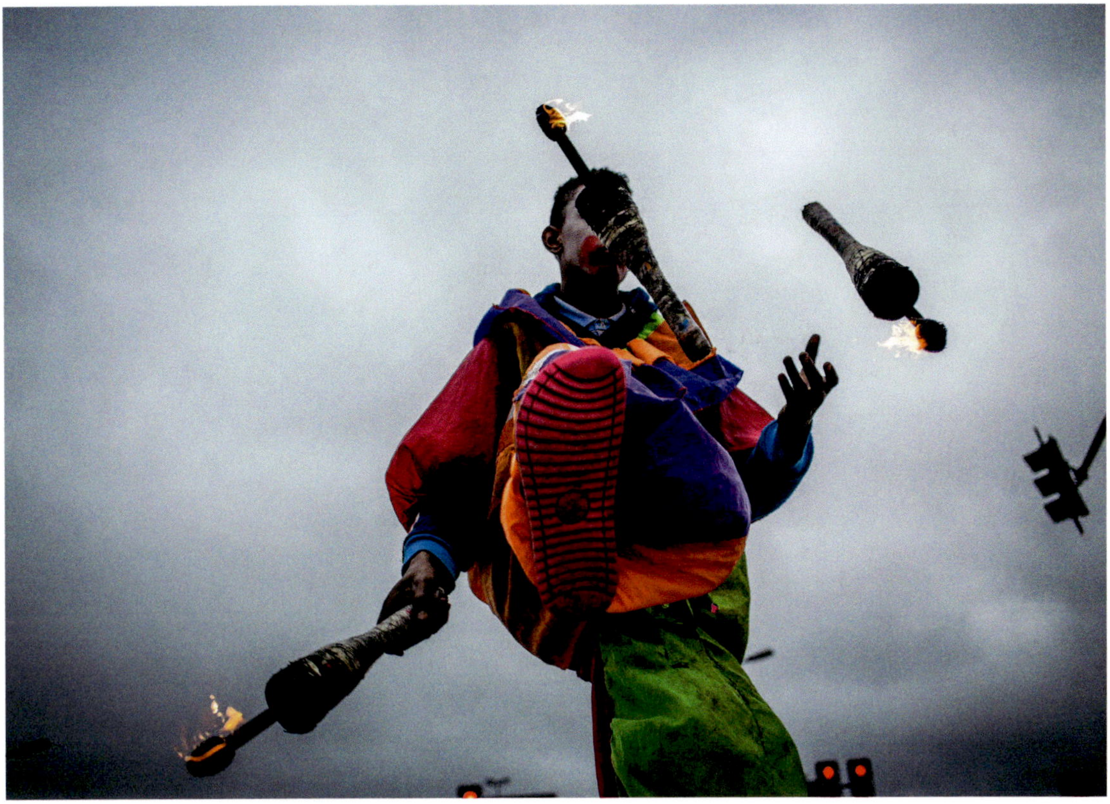

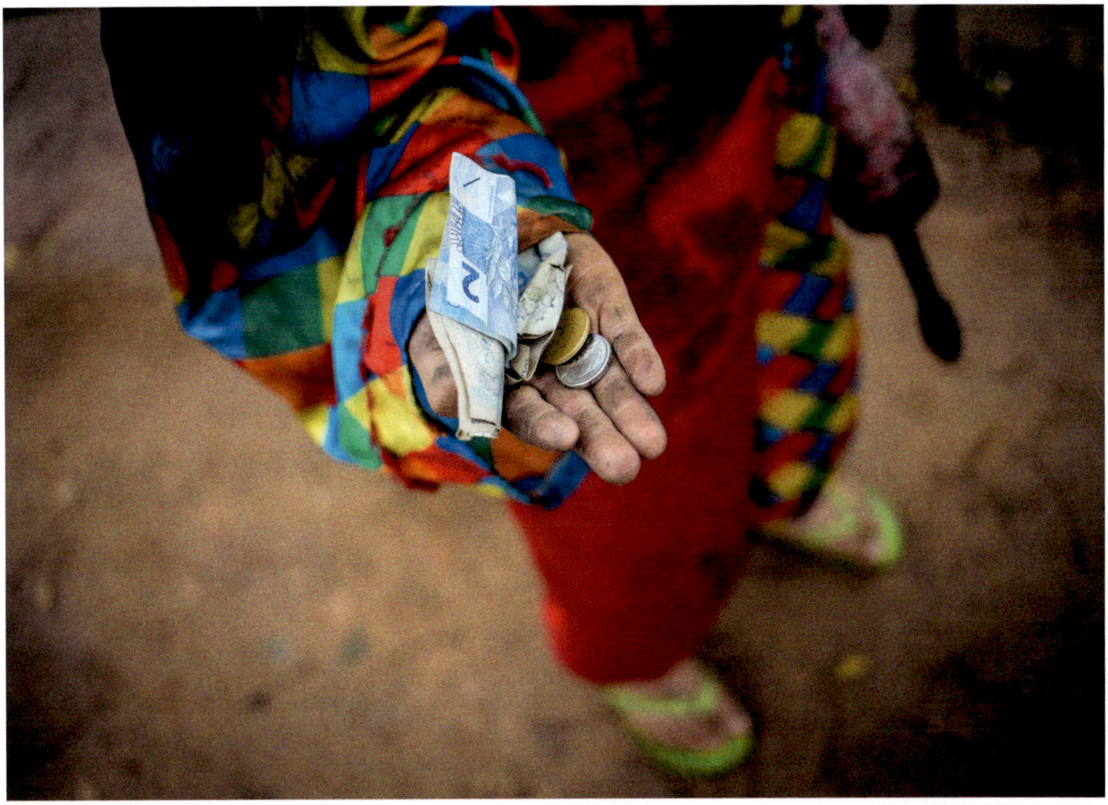

DIA DE FINADOS E A LIMPEZA DOS TÚMULOS

Ao desembarcar na estação Clínicas do metrô, já era possível notar uma atmosfera diferente. No Dia de Finados, contraditoriamente, a calçada do Cemitério do Araçá, na Zona Oeste de São Paulo, ganha vida. Pastores falam ao microfone e visitantes entram e saem carregando flores e velas nas mãos.

Presença tão marcante quanto a deles é a de crianças e adolescentes que chegam logo cedo para lavar os túmulos. No portão do cemitério, já é possível avistar algumas delas. São muitos meninos e meninas de baixa renda e, em geral, negros. A maioria trabalha em grupos de amigos, sem a presença de adultos. Cobram vinte reais pelo serviço ou pedem para os clientes darem "o que o coração mandar", mas nem todos encontram generosidade.

Rodrigo, por exemplo, combinara com uma senhora o valor de quinze reais para lavar o túmulo da família, mas não tinha troco para vinte. Na hora de receber, teve de sair correndo para conseguir a nota, sob a pressão da já irritada cliente.

Entre tantas crianças que ali trabalhavam, um garoto chamava a atenção por vestir um terno preto. No Dia de Finados é comum chover e esfriar – talvez uma metáfora daqueles que choram a saudade dos que foram. Mas, naquele ano em particular, havia um sol quente, o que tornava a figura do menino ainda mais curiosa.

Ele disse que não estava com calor. Quando questionado sobre quais motivos o levaram a se vestir daquele jeito, ele só sorriu. O que se sabe é que ganhou o terno de um homem, no trem, em um dia de frio. Embora tenha casa e família, Rodrigo pede dinheiro no metrô das seis às dez da manhã. Para a escola, ele vai à noite. Se ele estuda e faz deveres pela tarde? Geralmente, não. Está cansado.

Há uma relação direta entre trabalho infantil, evasão escolar e baixo rendimento. Uma teoria que é comprovada qualitativamente quando conversamos com os meninos e as meninas no cemitério.

Márcio, de dezenove anos, morador da Cachoeirinha, na Zona Norte de São Paulo, parou de estudar no sexto ano, pois tem uma filha para sustentar. "É difícil trabalhar e estudar", disse o jovem – que logo pediu licença da conversa, para não perder tempo de trabalho.

O mesmo aconteceu com Agda, de 28 anos. Ela engravidou do primeiro filho aos dezesseis. Em seguida, teve mais três: aos vinte, 23 e 24. O mais velho a acompanhava no cemitério. "Ele fica animado em me ajudar nos feriados."

Agda limpa os túmulos no Araçá há seis anos e já chegou a tirar 320 reais em um dia. Durante a semana, ela trabalha como diarista. O marido está desempregado. Na escola, ela só chegou até o oitavo ano. Agda e Márcio dão rosto à população que se torna mãe ou pai na adolescência.

Para romper esse padrão, Luísa, de dezoito anos, sonha em ser médica. Há nove anos, ela lava túmulos no cemitério, com a mãe. Dessa vez, estava acompanhada por um grupo de amigos do bairro onde mora, a Brasilândia, na Zona Norte.

Apesar da vontade de chegar à universidade, ela disse que se esqueceu de fazer a inscrição no Exame Nacional do Ensino Médio (Enem), realizado no fim de semana do feriado. Ela ocupa a cabeça procurando emprego de atendente, auxiliar de limpeza, "o que tiver...".

O sonho de Luísa é compartilhado na roda de amigos. Quando Pedro chega com o braço sangrando, arranhado por vidro, ela brinca: "Quer que eu faça sua cirurgia?". Uma amiga completa: "Você vai ser médica, né?".

Pedro, de quinze anos, estava bravo. Havia acabado de se machucar ao limpar um túmulo. "Sem querer, eu quebrei a portinha de vidro. A mulher me xingou e ainda não quis me pagar. A culpa não foi minha", desabafou.

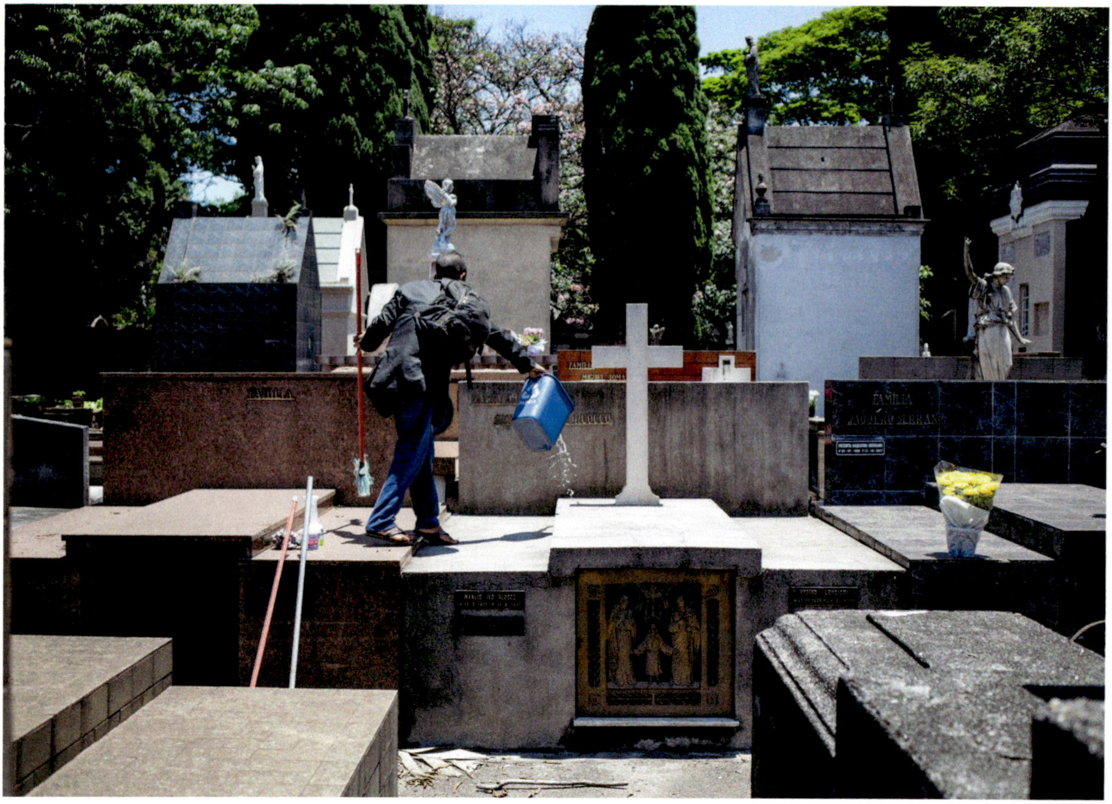

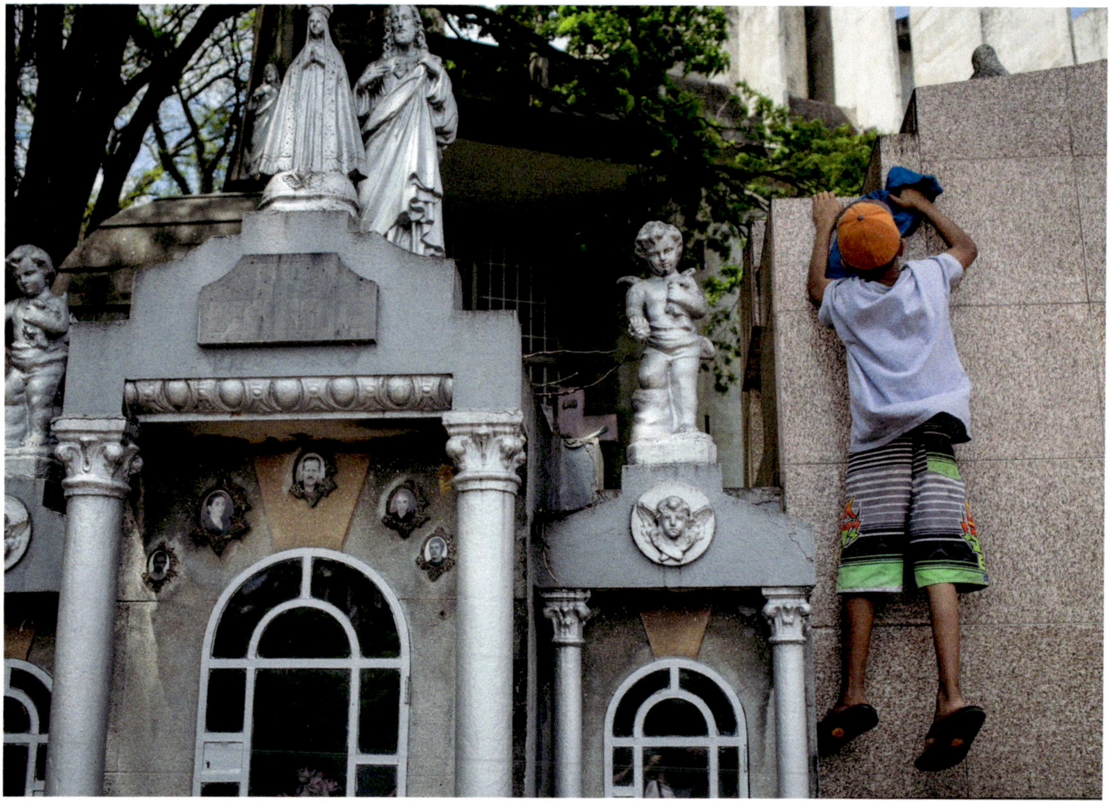

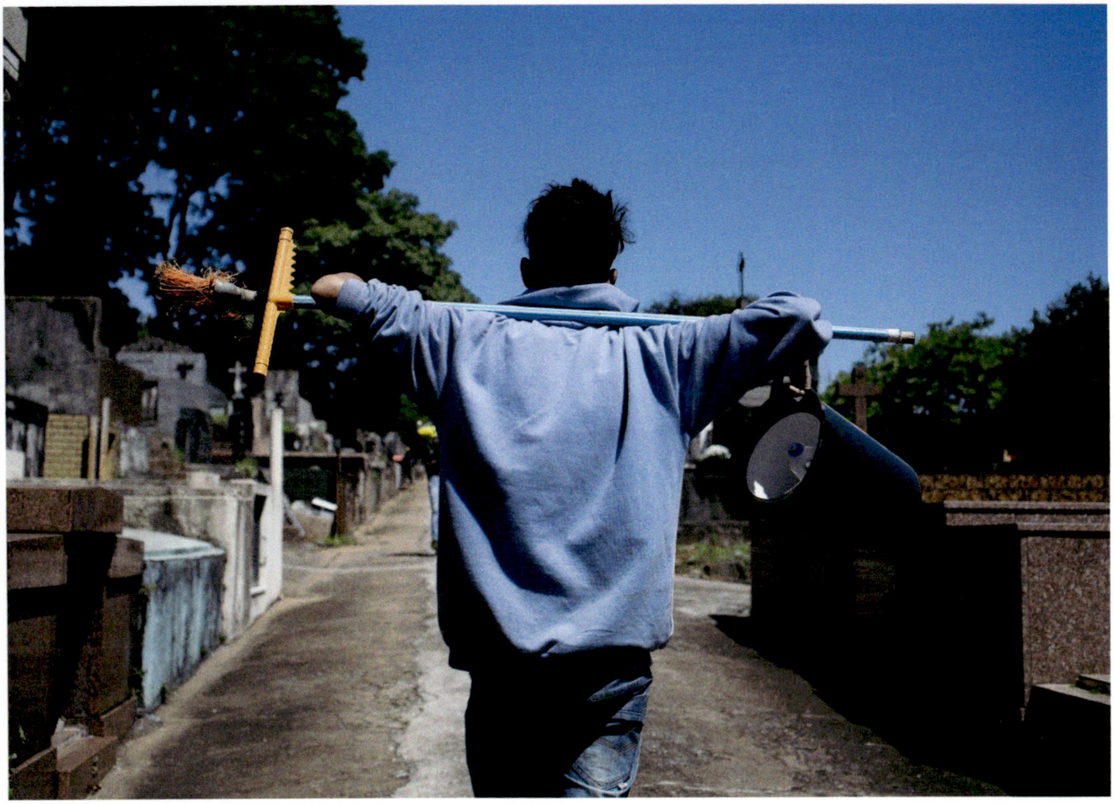

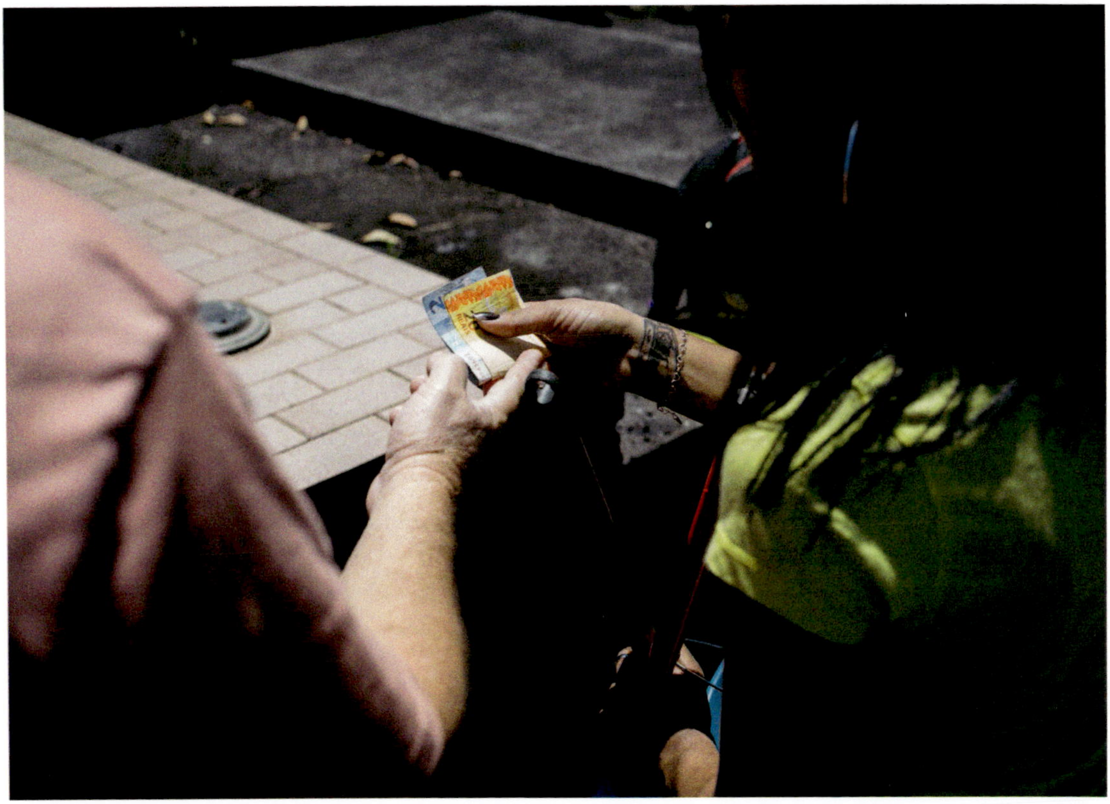

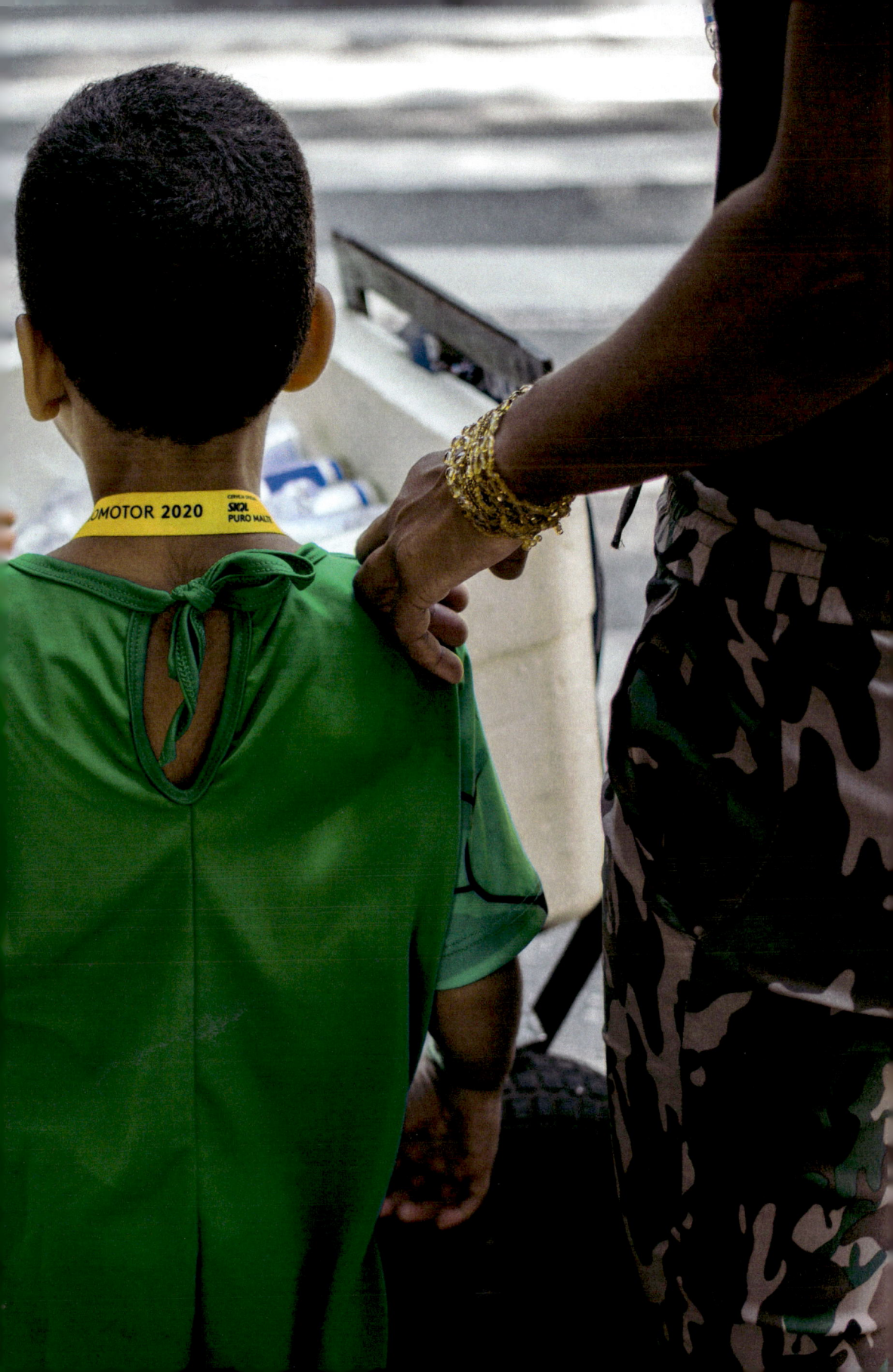

ábado, 15 de fevereiro de 2020. Pré-Carnaval em São Paulo. O dia está nublado, mas o clima esquenta nas ruas da cidade. Foram mais de oitocentos blocos inscritos para todo o período que se estende até o dia 1º de março, quando se encerra a folia, no pós-Carnaval.

Na estação República do metrô chegam foliões para os diversos blocos de rua que desfilam no centro da cidade. Do lado de fora, ambulantes oferecem bebidas. Em caixas de isopor há água, cerveja e a famosa catuaba. A bebida, muitas vezes, chega aos clientes pelas mãos de crianças e adolescentes, que acompanham os pais no longo dia de trabalho.

No ponto de concentração de um bloco na avenida Ipiranga já é possível identificar famílias trabalhando. Sem ter com quem deixar o filho, Mayra, de 28 anos, não tira os olhos de Felipe, de cinco.

Ela está desempregada há dois anos e, por isso, busca renda extra ao lado do marido Ricardo, de 39 anos, que trabalha em um estacionamento. Moradora da região da Luz, no centro da cidade, a família chegou perto das nove da manhã e ficam até os blocos acabarem, no fim da tarde.

A história de Mayra se repete em muitas famílias, que também não têm com quem deixar os filhos e netos enquanto trabalham nos fins de semana e feriados. No geral, as crianças frequentam a escola durante a semana.

É o caso de Verônica, de onze anos, estudante do sexto ano do Ensino Fundamental. Acostumada a acompanhar a avó no trabalho de cozinheira na Zona Norte, a garota decidiu fazer o mesmo no Carnaval.

Naim, de sete anos, está matriculado em uma escola de tempo integral, mora com os pais no Brás, região central de São Paulo, e os acompanha nos trabalhos aos fins de semana. O pai Zayn, de 36 anos, é imigrante de Bangladesh, país localizado no Sul da Ásia. Está no Brasil desde 2010 e trabalha como feirante. A mãe Janaína, de 28 anos, vende açaí na rua.

Assim como em outras formas de trabalho infantil, o comércio ambulante no Carnaval é bastante familiar e retrata o impacto da pobreza em crianças e adolescentes que não podem cair na folia, uma vez que dependem do trabalho informal para sobreviver.

Quem já pulou Carnaval na infância guarda vívidas memórias da magia dessa festa, capaz de mexer com o nosso imaginário. São as tradicionais marchinhas, a possibilidade de viver na pele um novo personagem, os confetes espalhados pelo salão, a serpentina voando, as maquiagens coloridas e as fantasias rasgadas pelo suor de tanta diversão...

Em blocos e bailes infantis, toda a magia é para os pequenos, que correm e gritam em liberdade, em horário e ambiente apropriados e com músicas adequadas. As famílias dos vendedores de bebidas querem acreditar que as crianças também estão ali para se divertir, mas os olhares de preocupação desmentem.

Em um bloco dedicado a adultos na região central da cidade, o consumo de bebidas alcoólicas é intenso. Ali, o papo é outro. Não tem dança nem gritaria aguda de crianças. As que estão com os pais pedem para dar a mão quando o bloco enche demais. No entanto, nem todas seguem acompanhadas.

Em 2019, conhecemos João. Aos treze anos, o garoto já circula pelas ruas como gente grande. Ao lado do irmão mais velho, de dezenove, ele trabalha o ano todo na porta das casas noturnas de Pinheiros, vendendo bebidas. Diz que não fica cansado, pois já está acostumado com o serviço – mesmo quando exposto à chuva e ao frio.

Naquele mesmo bloco de Carnaval estava Luciano. Um ano mais velho que João, o garoto disse que se sentia exausto, segurando um tabuleiro com tiaras de véu de noiva. É pesado e o sol não perdoa. Durante a festa, compradores respondem aos pequenos vendedores com sorriso no rosto e vistas grossas.

Com experiências e sensações diferentes em relação ao dever de trabalhar durante o evento, as crianças e os adolescentes têm suas histórias cruzadas no motivo que os levam às ruas. Vindos de bairros periféricos da cidade ou de regiões mais vulneráveis do centro, em geral são de famílias negras e pobres. Embora os pais façam de tudo para os filhos se divertirem e ficarem protegidos, nas entrelinhas é evidente o desejo de que as crianças pudessem viver livremente a fantasia de um pirata, uma abelhinha, um unicórnio ou um super-herói... a fantasia de uma infância livre do trabalho infantil.

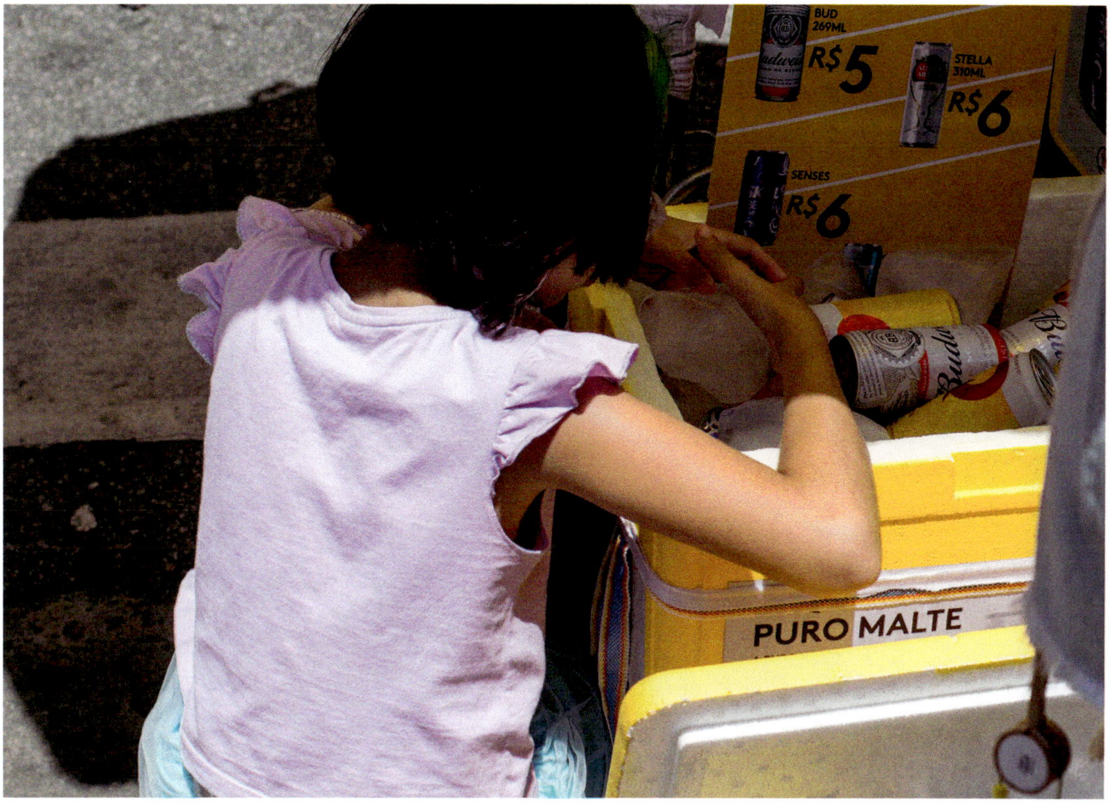
BUD
269ML
R$5
STELLA
310ML
R$6
SENSES
R$6
PURO MALTE

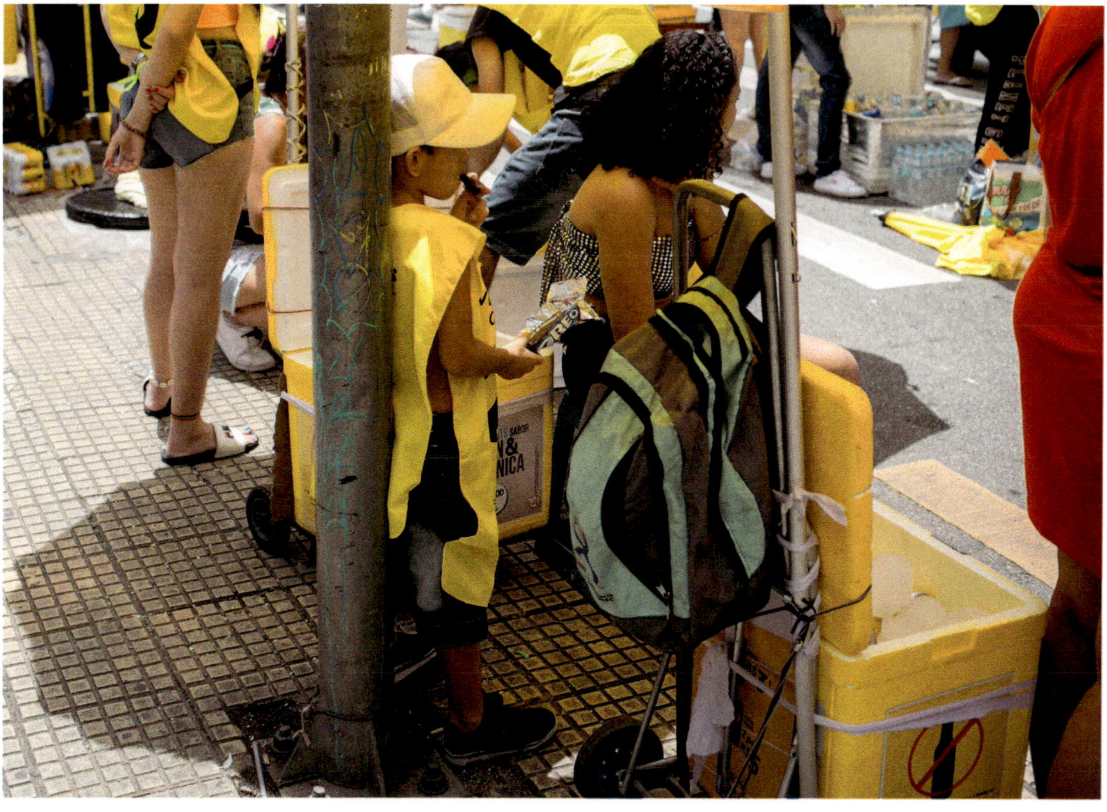

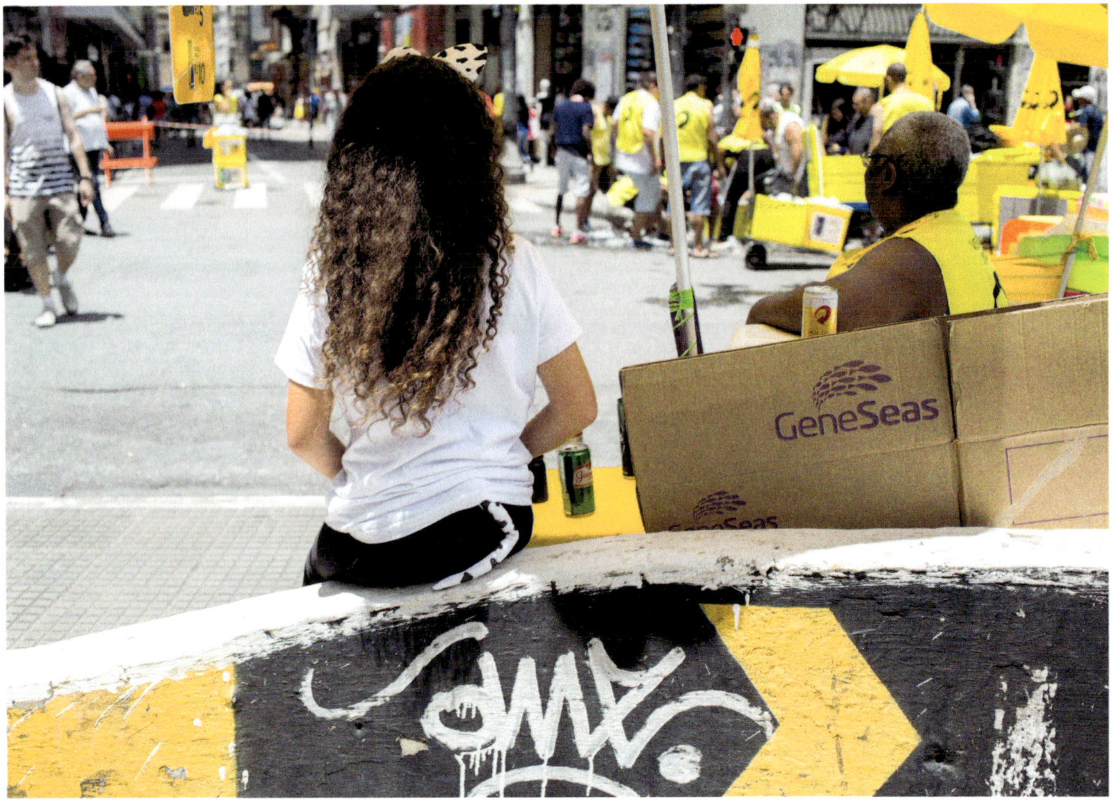
GeneSeas

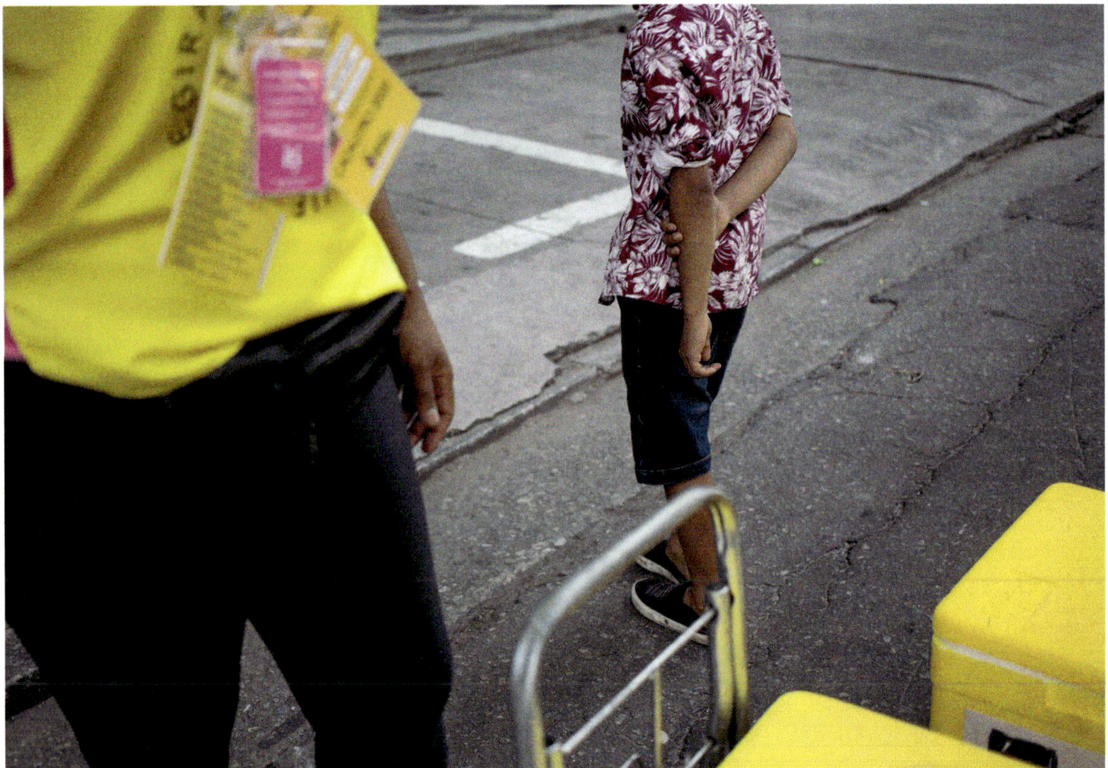

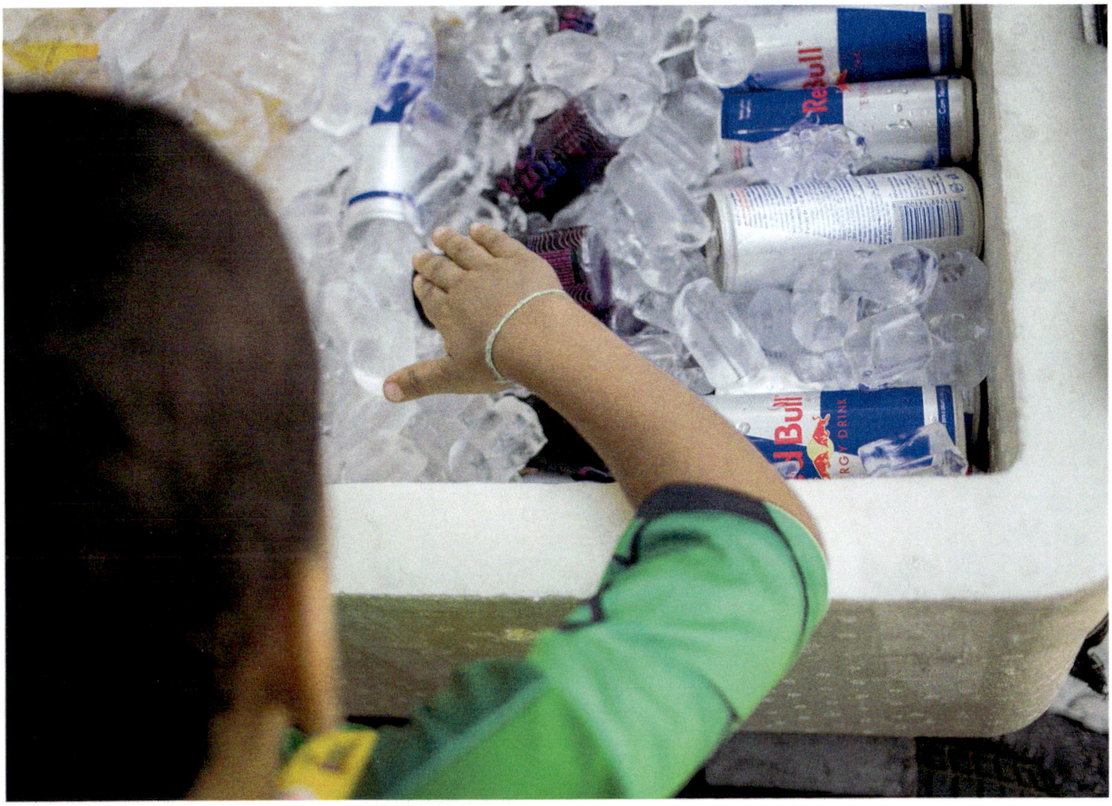

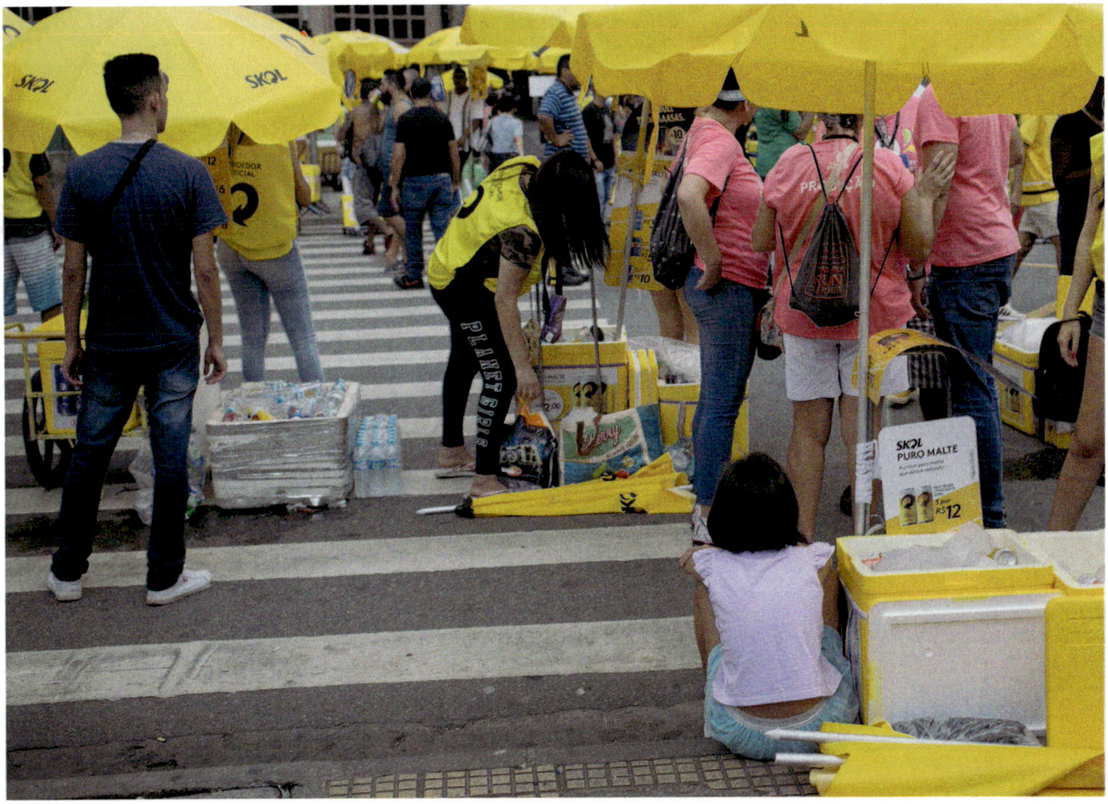
SKOL
SKOL
SKOL
PURO MALTE

4.
SOB O SOL DO VERÃO, NA PRAIA...

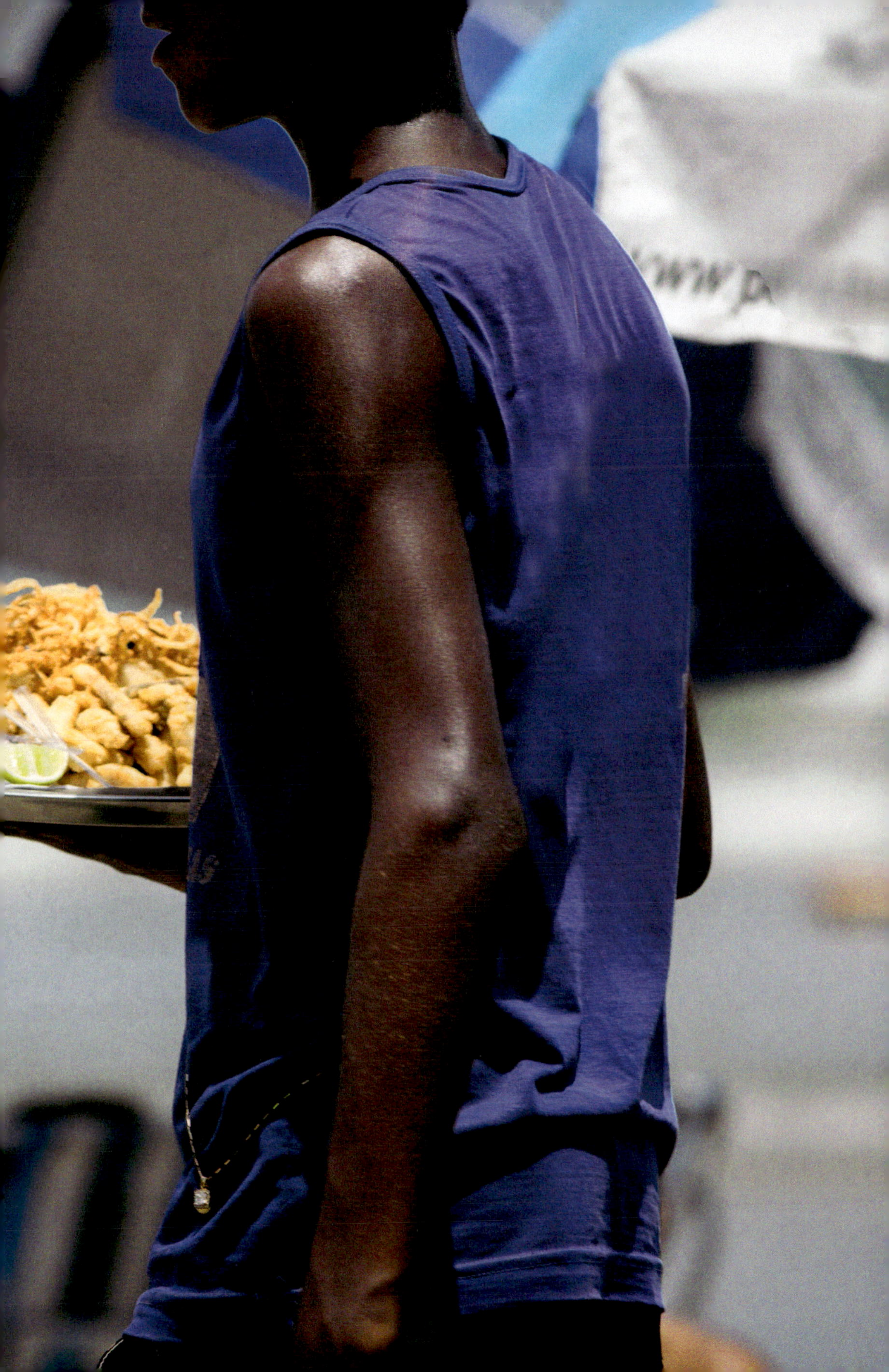

Quando é verão, quase não sobra espaço nas areias das praias do Guarujá, no Litoral Sul do estado de São Paulo. Caixas de som debaixo dos guarda-sóis amplificam os hits da estação, entre o falatório dos turistas e o reconfortante barulho do mar. Circulando por tantas informações estão silenciosas crianças e adolescentes que usam as férias escolares para trabalhar em barracas de comidas e bebidas.

Juliano, de quinze anos, é um deles. Em um domingo de janeiro, com o termômetro na marca dos trinta graus, o garoto corre para dar conta de tantos pedidos. "Menino, a batida está fraca. Pede para colocarem mais vodca", solicita uma turista. Juliano obedece.

Apesar do contato diário com bebida alcoólica, ele jura que nunca pôs sequer uma gota na boca. O peixe e a batata frita que sempre carrega em sua bandeja também passam longe. "Minha mãe me traz marmita todos os dias. É mais saudável", conta o atendente.

Na hora do almoço, Juliano se protege do calor embaixo da barraca. Por cinquenta reais diários, o menino chega à praia às seis horas e encerra o expediente por volta das dezenove. São, em média, treze horas de trabalho por dia.

Tudo isso começou quando ele ainda tinha oito anos. Logo no início, chegou a sofrer uma queimadura no braço, depois da explosão do fogão da barraca em que trabalhava. Ele persistiu. Apesar de todos os riscos, tamanha disciplina fez dele o grande orgulho da família. "Lá onde moro, os garotos da minha idade já assaltam e até matam."

Na barraca vizinha, o concorrente Jorginho tem uma história de vida semelhante. "Estou com mais de cinquenta anos e comecei a trabalhar aqui com sete, vendendo cocada", lembra o comerciante, que já teve os filhos trabalhando ao seu lado quando pequenos. "Agora só tenho *de maior*, porque a fiscalização está brava", esclarece.

A Organização Internacional do Trabalho (OIT) classifica as tarefas que mais trazem riscos à saúde, ao desenvolvimento e à moral das crianças e dos adolescentes na Lista das Piores Formas de Trabalho Infantil (Lista TIP). Segundo o documento, o trabalho nas praias é um dos mais prejudiciais e se encaixa no item 81 do tópico "Trabalhos Prejudiciais à Saúde e à Segurança", que fala do trabalho ao ar livre sem proteção adequada contra exposição à radiação solar, chuva e frio, e no item 3 do tópico "Trabalhos Prejudiciais à Moralidade", que aborda a venda de bebidas alcoólicas por crianças e adolescentes. Os demais perfis retratados neste livro também estão na Lista TIP.

Apesar da proibição, o trabalho nas praias e uma bicicleta para transporte são tudo o que muitos garotos do litoral têm durante as férias de verão como alternativa às condições sociais e econômicas que enfrentam. Famílias inteiras aproveitam a temporada de turismo para conseguir algum dinheiro.

Os turistas pedem urgência na bebida trincando para se refrescarem, e o único motivo que os tira da sombra é um mergulho no mar. Para o patrão não queimar os pés nas areias aquecidas pelo sol de verão, o corre dos meninos é grande. São apressados os passos entre as barracas e os clientes, muitas vezes sem chinelos para facilitar a caminhada. Arde só de olhar. As solas descalças já estão habituadas com as altas temperaturas e, quanto mais rápido se corre, menos se queima... e mais feliz o cliente fica.

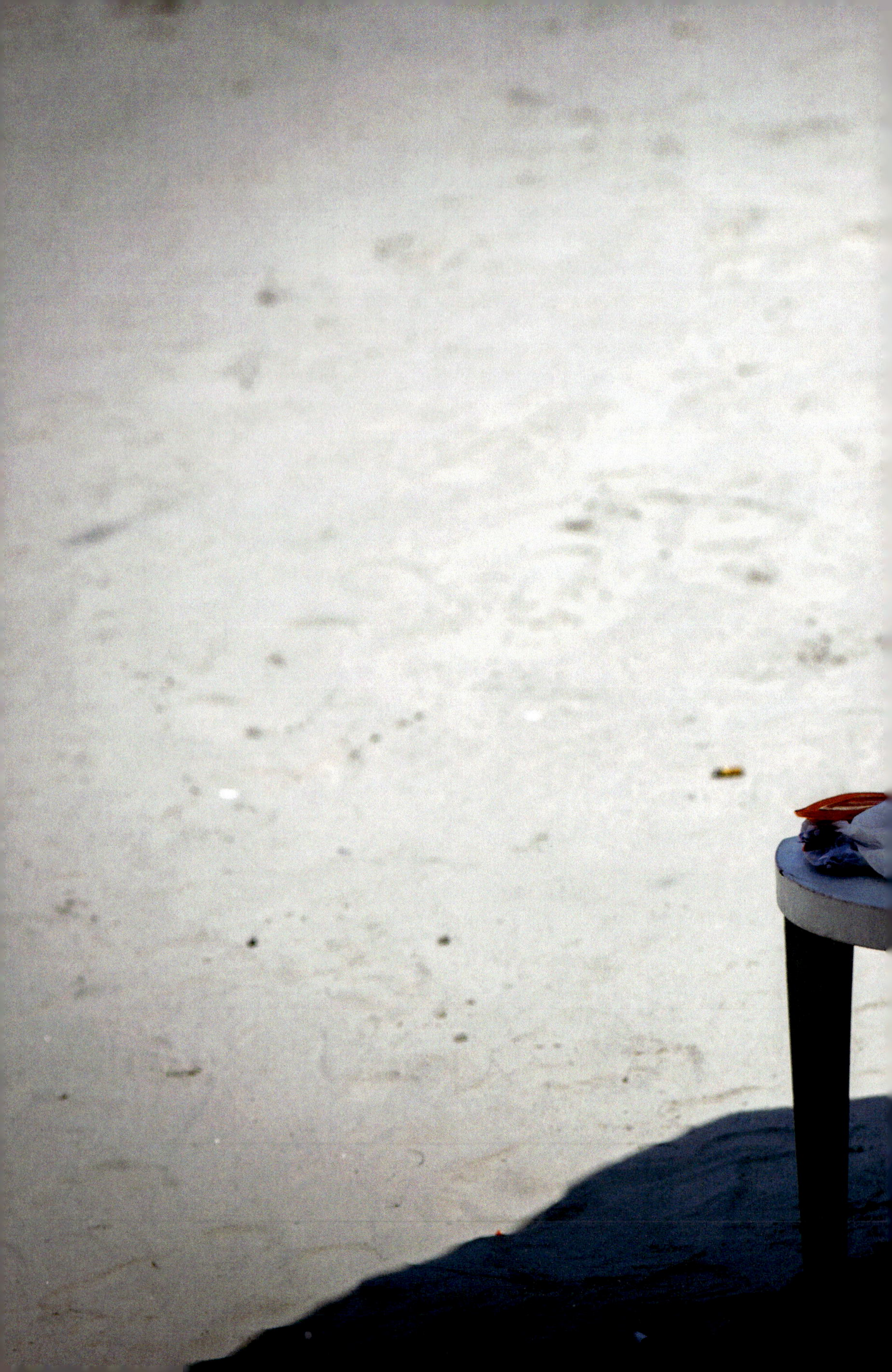

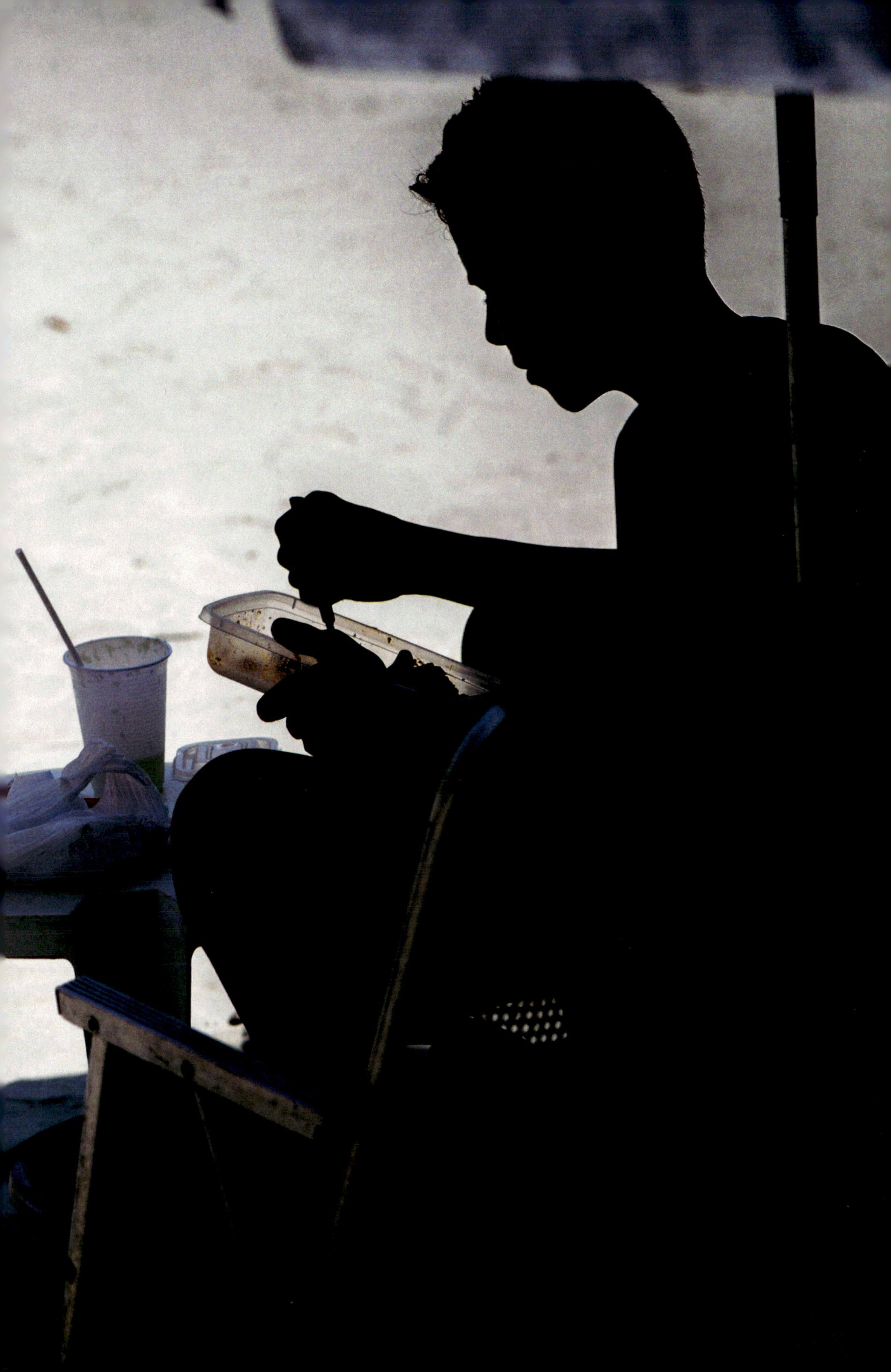

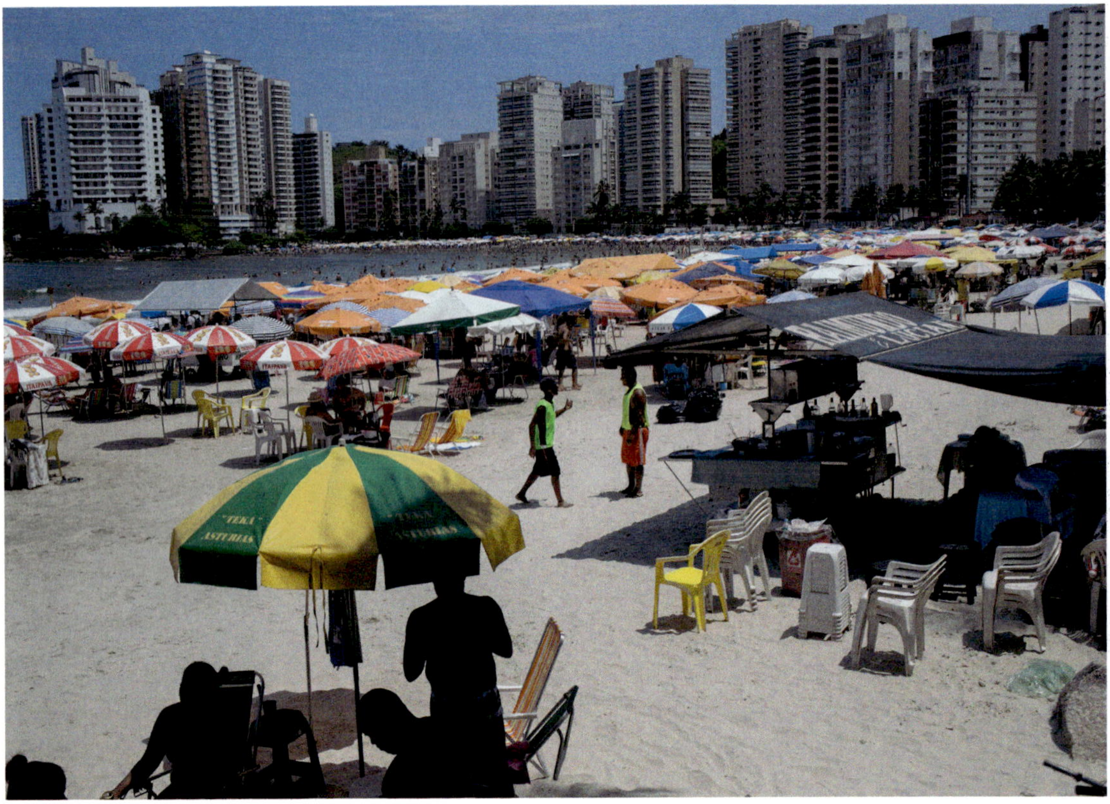
TEKA
ASTURIAS

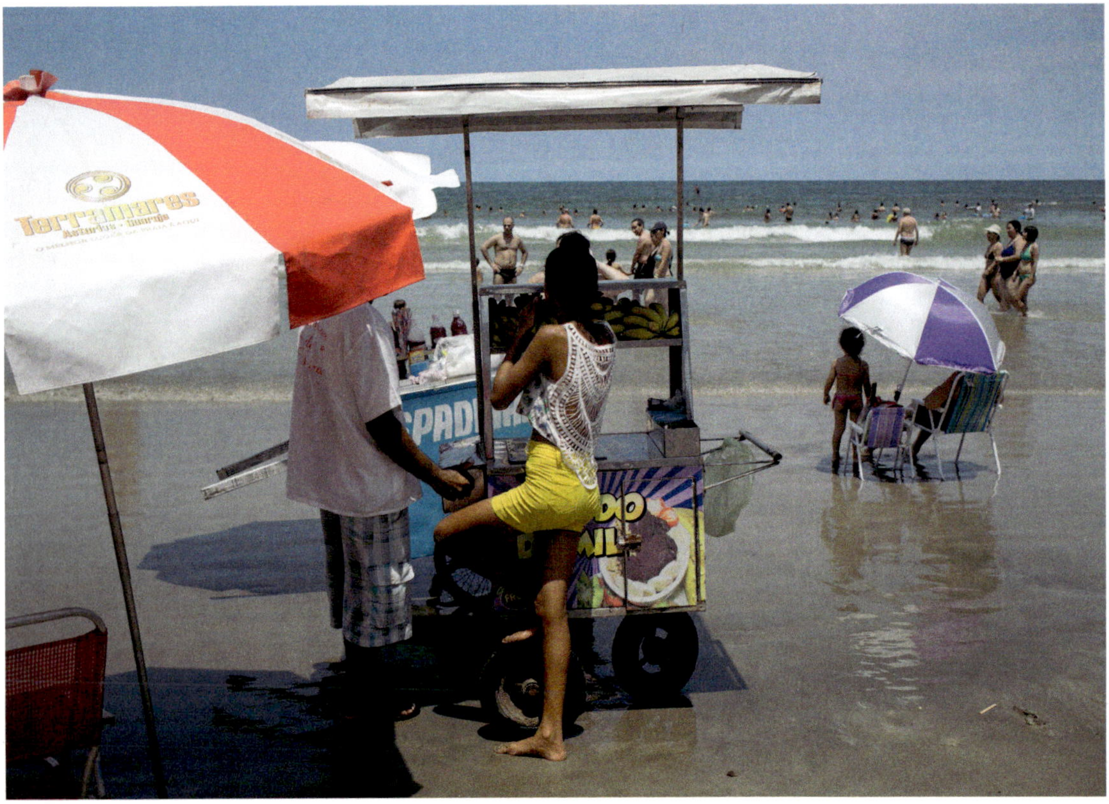
Terramares

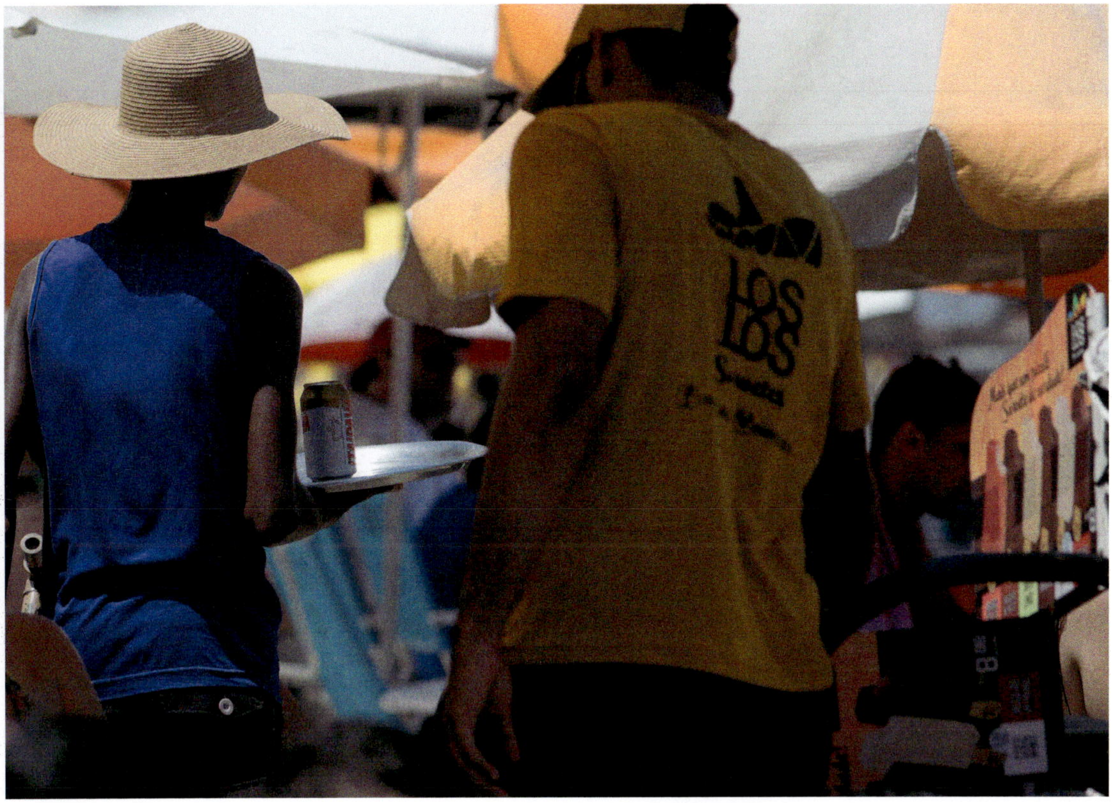
LOS
LOS

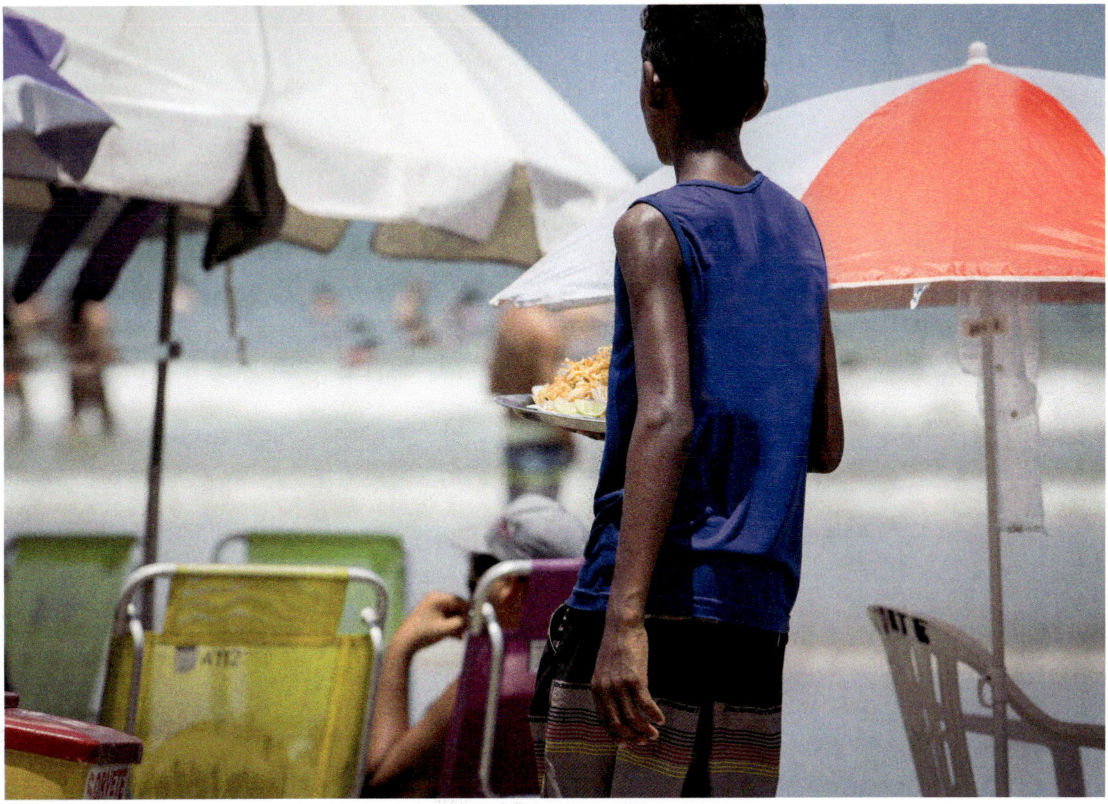

5.
SONO E CANSAÇO NAS FEIRAS LIVRES

$2,00

Pelas feiras livres da cidade, o aroma das frutas e ervas frescas reúne crianças, jovens e adultos pelos corredores. Tem pastel e caldo de cana para encerrar o passeio, em um ambiente festivo, onde brincadeiras ocorrem com frequência. O clima familiar vai parar do outro lado do balcão, em que avós, pais e filhos trabalham juntos. De tão leve, a simpatia do momento deixa o trabalho infantil passar quase despercebido.

Em conversas com os feirantes é comum os mais velhos contarem que começaram a trabalhar na infância, junto com os irmãos na roça e também na rua. Geralmente o relato vem com um sorriso no rosto. Teve tempo para brincar e estudar com tranquilidade? "Não muito, mas é melhor do que fazer coisa errada."

A feira livre – presente no país desde a colonização – vem persistindo ao longo da história, resistindo à intensa urbanização brasileira das últimas décadas, marcada pela negação do espaço público. As famílias que ali trabalham contam com uma dinâmica própria de vida.

"Feirante não tem fim de semana e quase não dorme – vai do sítio para a feira e da feira para o sítio. As crianças, no embalo, seguem junto. Vamos deixar com quem? Criei três filhas embaixo da barraca. Elas nasciam e, com 45 dias, minha mulher já estava na feira", contou um deles.

Diogo, 52 anos, compartilha a mesma realidade e, em uma feira no centro de São Paulo, mostra orgulhoso o registro na prefeitura. A primeira barraca da família data de 1935, logo depois que o pai dele desembarcou de Portugal, quando começou a trabalhar como empregado. Depois, tornou-se sócio e foi expandindo os negócios. Atualmente, só aos domingos, a família conta com nove barracas espalhadas pelas feiras da capital.

Caio, o caçula de Diogo, tem doze anos e trabalha quase todos os fins de semana. "Ele não vem quando precisa fazer alguma lição da escola, mas sempre está aqui e trabalha mesmo. Não tem moleza, não", explicou o pai, que começou na feira aos dez.

Do outro lado do corredor, a barraca de Juarez, 38 anos, também é familiar. O filho, de quinze anos, estuda durante a semana e ajuda aos sábados e domingos. Apesar de incentivar a colaboração, Juarez comemora a formatura do mais velho em engenharia: "Não quero essa vida para eles. As coisas estão melhores do que na nossa época".

Se na época de Juarez o trabalho infantil pelas feiras livres era diário, hoje é mais comum encontrar crianças e adolescentes trabalhando aos fins de semana, quando não estão na escola.

Além daqueles que acompanham os pais feirantes, há também garotos que fazem bico carregando cestinhas e carrinhos até as casas dos moradores do bairro. O dinheiro pode até render um pastel e um caldo de cana, mas o objetivo costuma ser ajudar a família.

Nos olhos dos pequenos trabalhadores se vê o cansaço de quem é privado do sono. O peso dos carrinhos ou das caixas de frutas e legumes muitas vezes ultrapassa o que os braços franzinos da idade suportam. As facas são afiadas demais para as mãos de uma geração cuja habilidade seria manusear lápis, caderno e livros.

Ao observar bem esses pequenos feirantes, dá para ver que muitas vezes eles se recolhem, sentados em cima de uma caixa, do ladinho da barraca. Quando há oportunidade, correm para o celular. Dizem que até gostam de acompanhar os pais, mas que prefeririam outras atividades nas horas de lazer. A participação deles não é tão animada quanto as paródias e rimas entoadas pelos adultos. Para os trabalhadores mirins, a melodia da feira muitas vezes é outra.

V. LEAL
2673-1372
B. PINHEL
(11) 2154-7111
QUERO MAIS
V. LEAL
2673-1372
adidas

BANANAS EDUARDO
(11) 2911-5939
(11) 2216-7584
6424
V. LEAL
2673-1372
C. JORGE
V. LEAL
2673-1372
Qualy Ban.
V. LEAL
2673-1372
Limão Tahiti
Peso Líquido 20kg

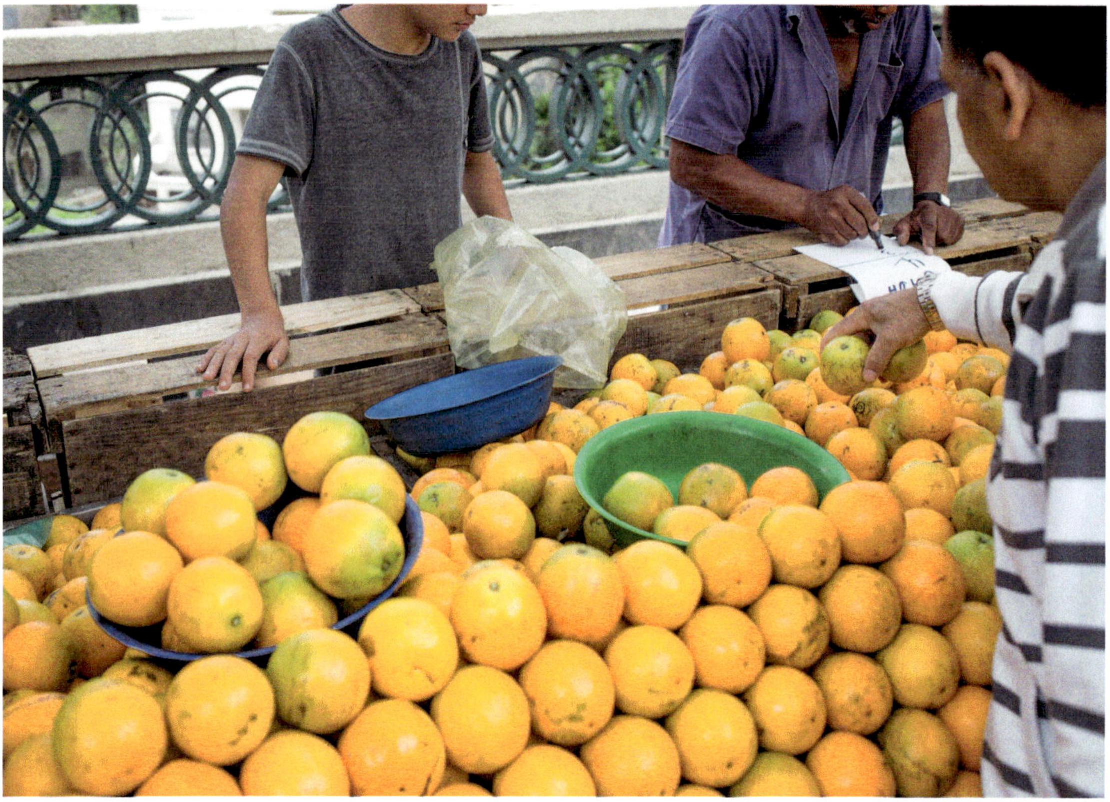

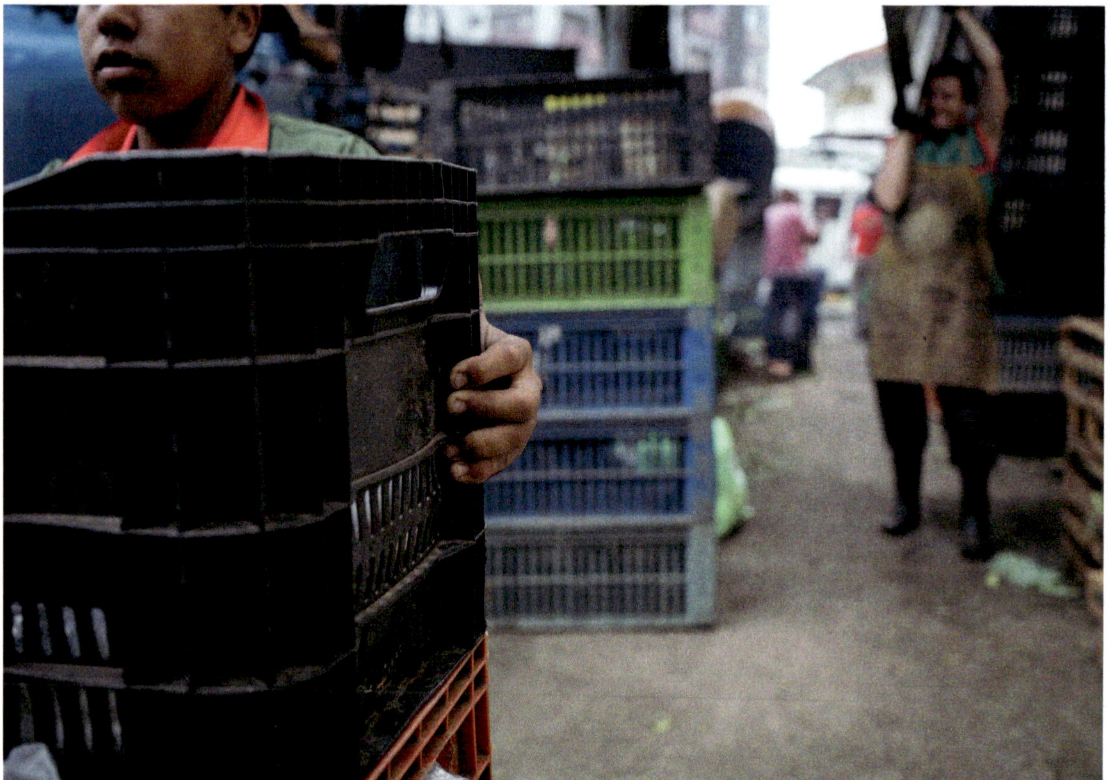

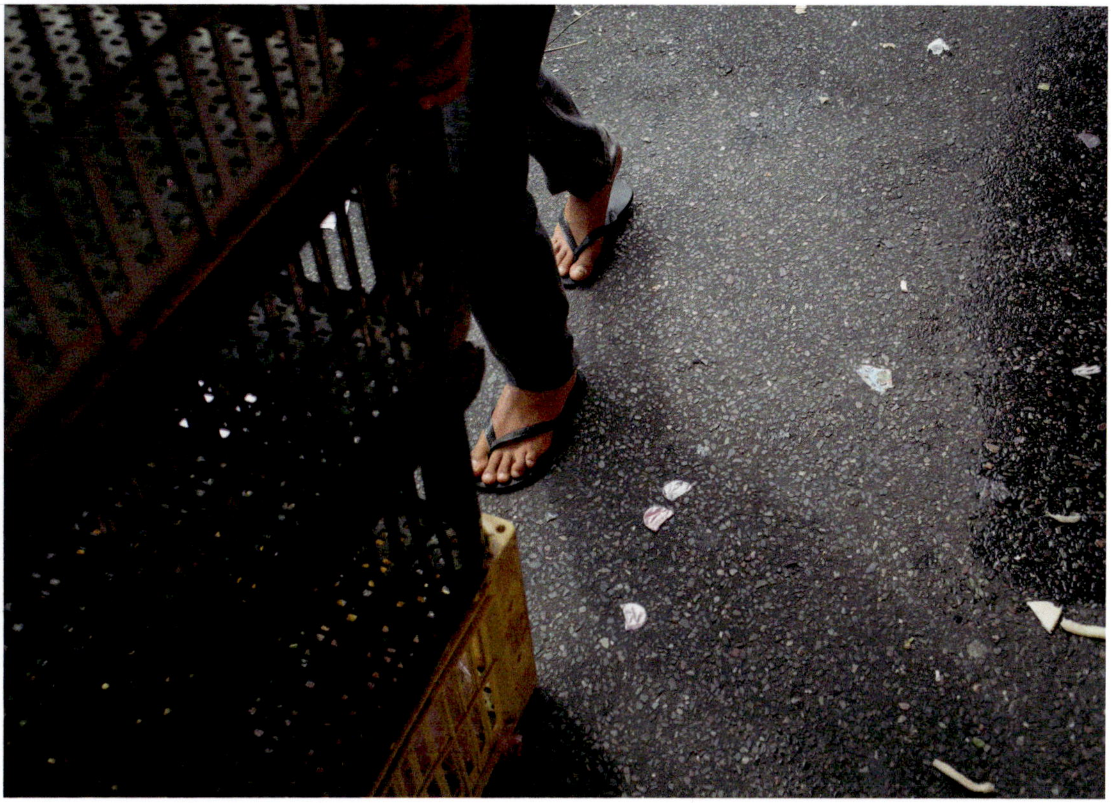

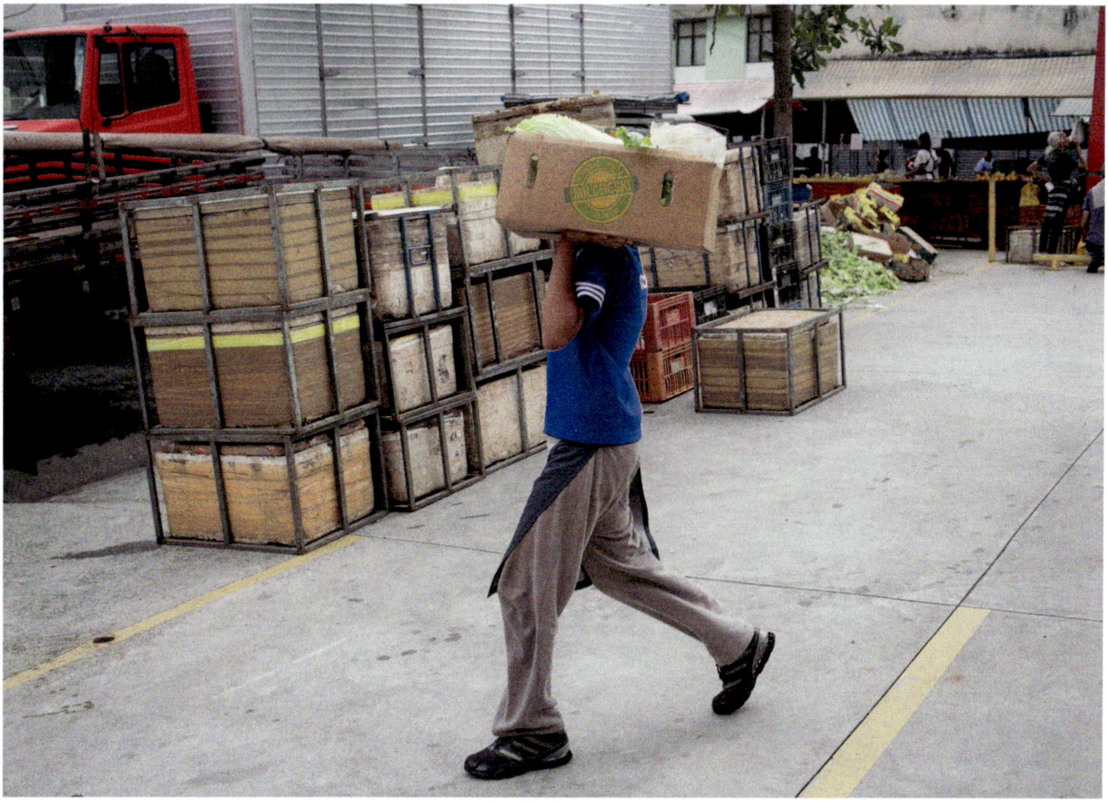

4.
EVASÃO ESCOLAR E O TRABALHO NO CAMPO

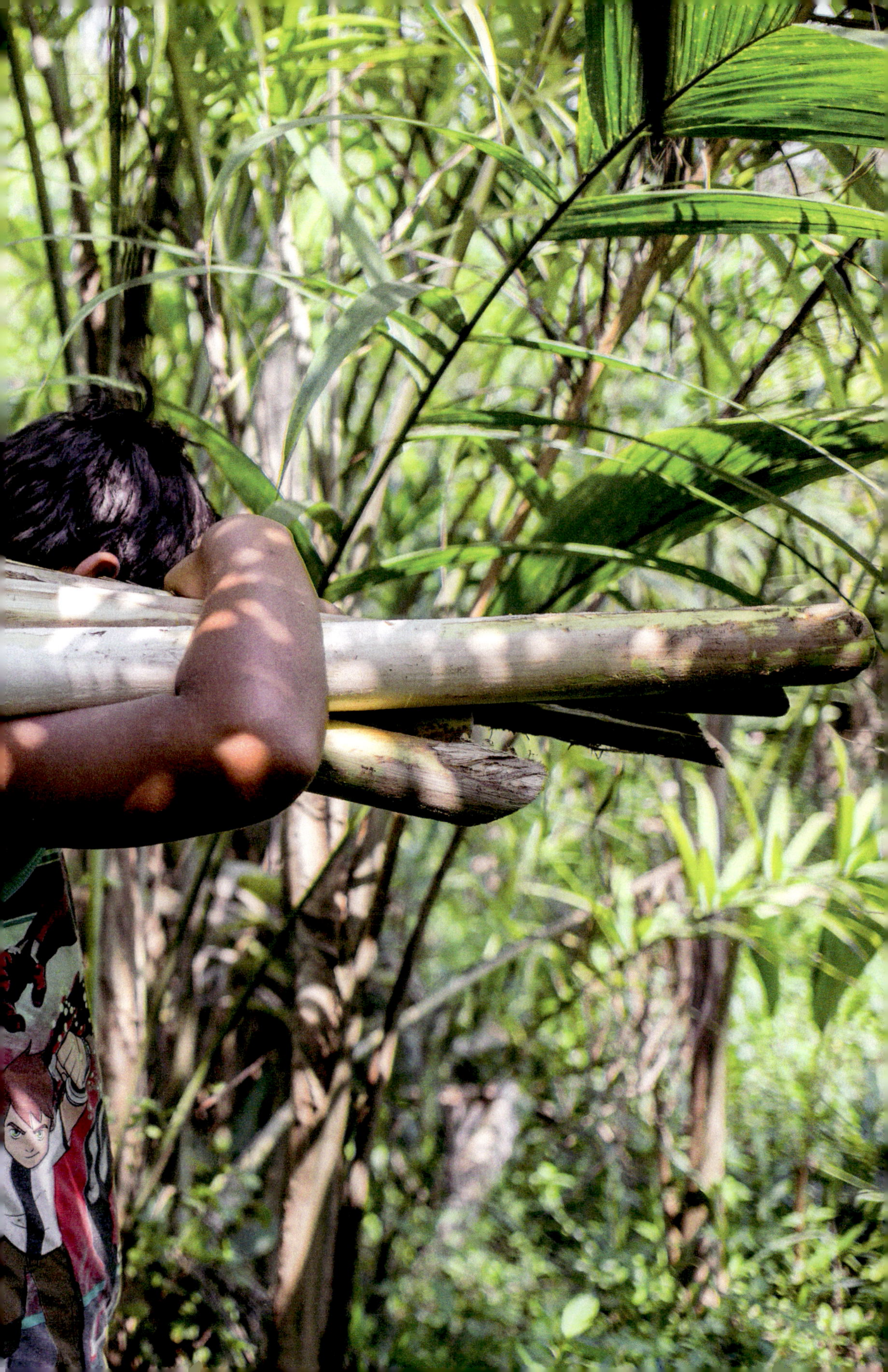

stamos no centro de Juquiá, município localizado na região do Vale do Ribeira, a cerca de 150 quilômetros da capital paulista. De lá, são 22 quilômetros de estrada de terra até as chácaras de plantação de palmito pupunha.

Em más condições, o percurso chega a levar quase uma hora. É o mesmo caminho que as crianças fazem para ir à escola, totalizando quase duas horas entre ida e volta, uma vez que as escolas do campo estão desativadas. Visitamos uma delas.

Olhando de fora, parece compor um quadro. Já depredada, causa certa melancolia no cenário bucólico do interior. Aos fundos, a casa da professora também está desativada. Era a educadora quem cuidava das flores de um jardim agora tomado por mato e preparava o lanche das crianças, mas o cheirinho vindo da cozinha no intervalo também não existe mais.

Ficou apenas o silêncio, antes agraciado pelos retratos sonoros do aprendizado e da brincadeira. Aquele barulhinho típico que ultrapassa os muros das escolas se esvaiu no tempo. Hoje são outros tons, cheiros e sons. São outros os sentidos. O resultado: evasão escolar e trabalho infantil no campo.

A dificuldade de acesso à educação já atingiu diversas gerações da região. É o caso da família Gonçalves. Adriano, de nove anos, ainda não foi para a escola de Ensino Fundamental na cidade devido à distância, mas está matriculado em uma escola de Educação Infantil da região, onde a professora leciona também para os mais velhos, de maneira adaptada.

O pai do garoto, Marcus, de 41 anos, começou a trabalhar cedo na roça, aos doze, e parou de estudar na antiga quarta série. Entre tantas histórias vividas, ele se lembra de uma específica, quando, aos quinze anos, foi picado por uma cobra e quase morreu. Inchaço e fortes dores na perna atingida o impediram de trabalhar por um ano.

Vítima da reprodução do ciclo do trabalho infantil e da pobreza, a família Gonçalves quer que Adriano e sua irmã Luciana, de dezesseis anos, estudem e tenham uma profissão. "Não vamos deixar que saiam da escola, mas às vezes eles querem ganhar um dinheirinho", relatou o pai.

Na lida do campo, a rotina de trabalho consiste na colheita das cabeças de palmito, compradas *in natura* por fabricantes responsáveis pelo processo de industrialização e revenda. A família trabalha em sua própria terra e também em outras fazendas, onde recebe a diária de cem reais por adulto. Crianças e adolescentes ganham menos.

Recentemente, Adriano faturou 35 reais para trabalhar no período da manhã fazendo "baldeação" – a prática de carregar as cabeças de palmito cortadas da plantação até determinado ponto, onde o caminhão busca a mercadoria. Nesse dia, o garoto carregou mais de oitenta cabeças. Cada uma delas pesa de quatrocentos a quinhentos gramas. Fazer pequenas pausas durante o caminho é uma estratégia para descansar as costas.

Para ajudar a família, Adriano chega a faltar na escola. O menino costuma usar o dinheiro que ganha para comprar doces e roupas, pois a renda dos pais é curta. Nos meses mais difíceis, a receita da casa totaliza apenas quatrocentos reais. Enfrentando muitas dificuldades financeiras, os Gonçalves são beneficiários do Bolsa Família, programa do qual recebem 120 reais por mês.

A história se repete pela vizinhança. Além do trabalho infantil no campo, algumas crianças da região já trabalharam em carvoarias, mas a fiscalização se tornou rigorosa com o tempo. É o caso de Camila, 39 anos, que, quando criança, caminhava descalça por uma hora e meia para conseguir chegar à escola do campo, na época ainda ativa.

Em insegurança alimentar, ela e os três irmãos precisavam trabalhar para ajudar a colocar comida dentro de casa. Sem luz, eram os vaga-lumes que iluminavam o ambiente, dentro de um vidro. Com o histórico de uma infância de muitas privações, Camila se mudou para Mauá, no ABC Paulista, aos quatorze anos, com o objetivo de concluir os estudos, onde também trabalhou como cuidadora de idosos e faxineira.

Aos dezenove, formou-se no Ensino Médio e, três anos depois, foi contratada pela empresa alimentícia em que trabalha até hoje como promotora de vendas. Ao vencer tantas barreiras, Camila comemora a possibilidade de dar uma vida diferente aos filhos, de nove e dezessete anos.

"Eles não trabalham e focam nos estudos. Quero que eles se desenvolvam. Sabemos que muitas vezes as famílias não têm outra opção. Ninguém aceita por maldade que o filho trabalhe. É uma realidade muito difícil. Se você quer outras oportunidades e tem condições para isso, acaba saindo do campo."

Se o sonho de Camila é romper o ciclo da pobreza, um dos sonhos de Adriano, o garotinho que trabalha na plantação de palmito, é comer o creme de avelã de uma marca que sempre passa na televisão. Um pote grande chega a custar quarenta reais, valor que representa 10% da renda familiar nos piores meses.

São doces os sonhos das crianças e dos adolescentes que vivem na zona rural de Juquiá. Mas o sabor amargo é o da pobreza, das escolas depredadas e dos ombros já sobrecarregados pelo peso do trabalho infantil no campo.

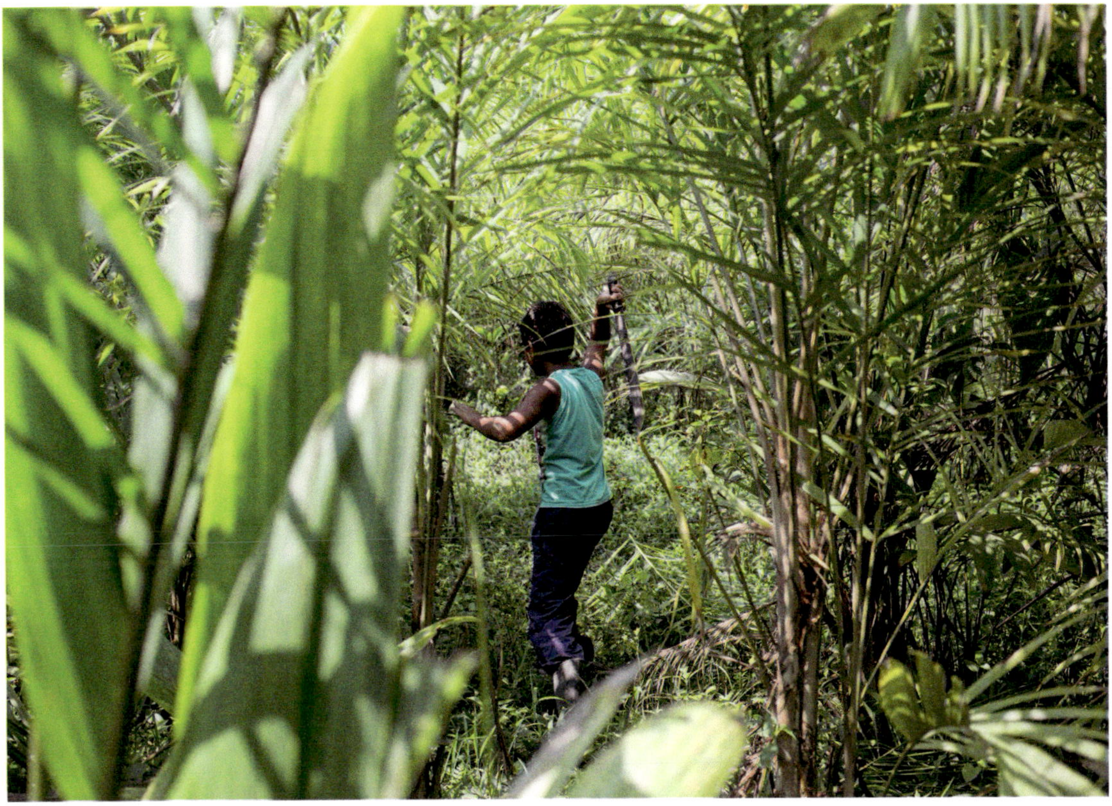

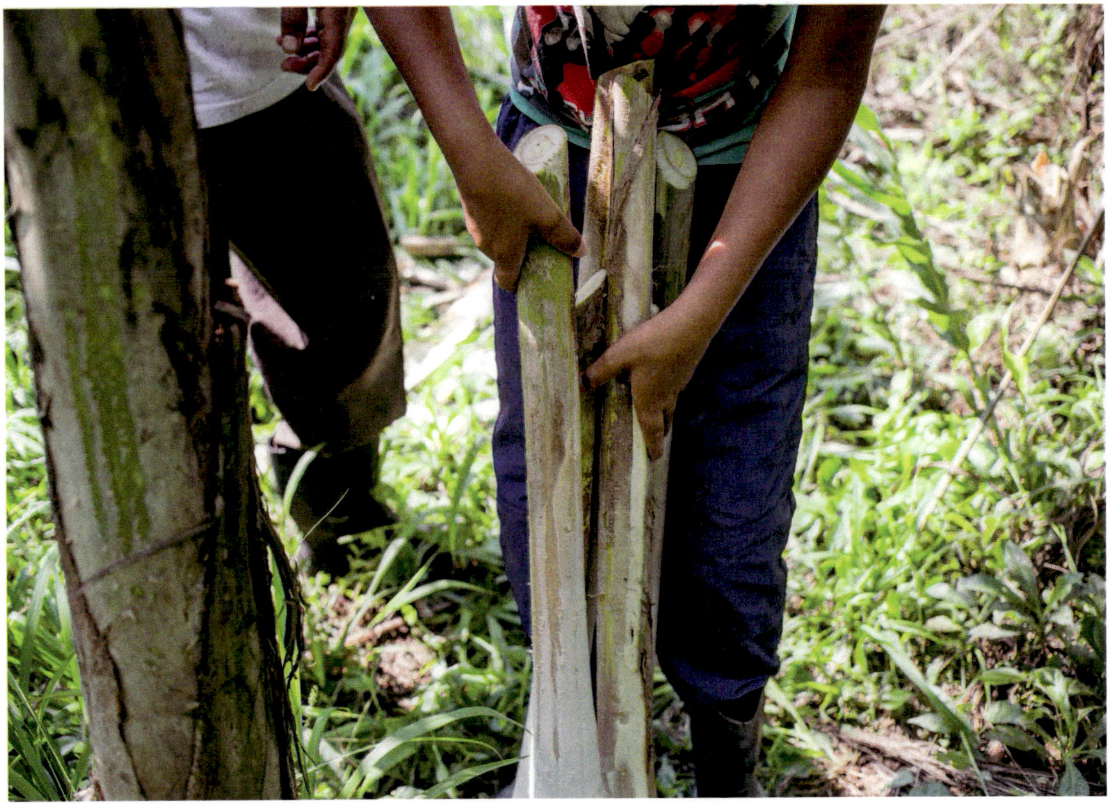

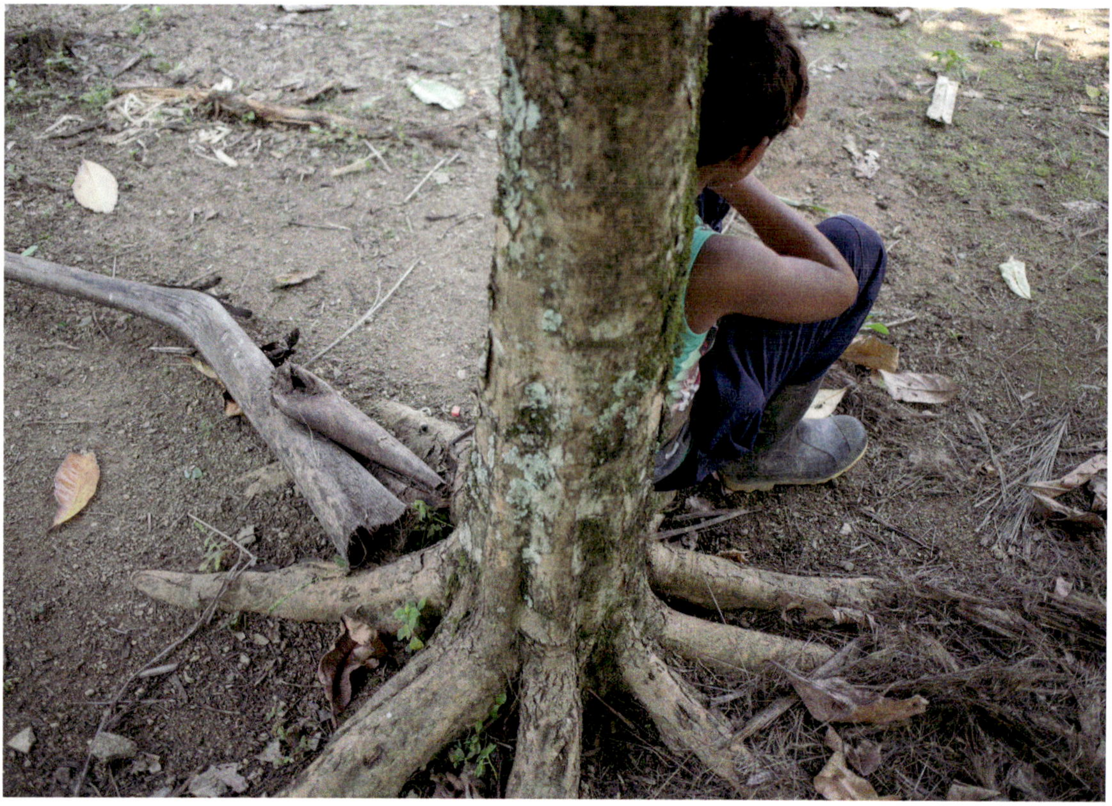

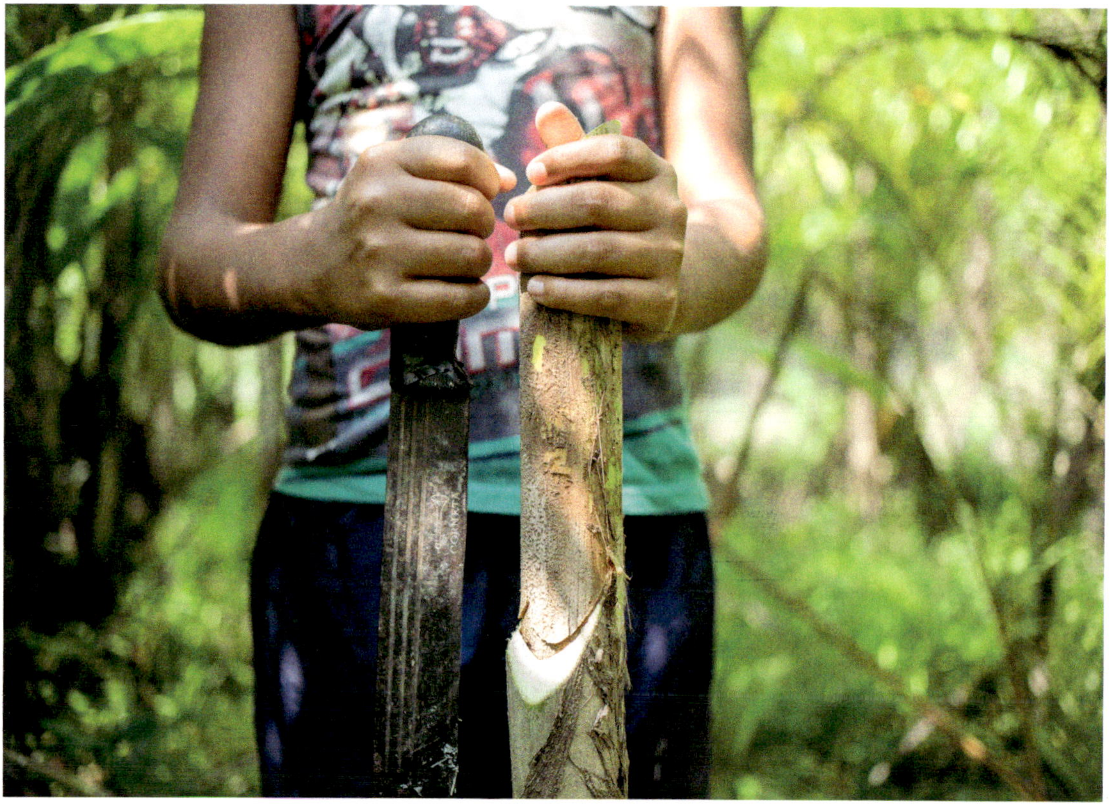

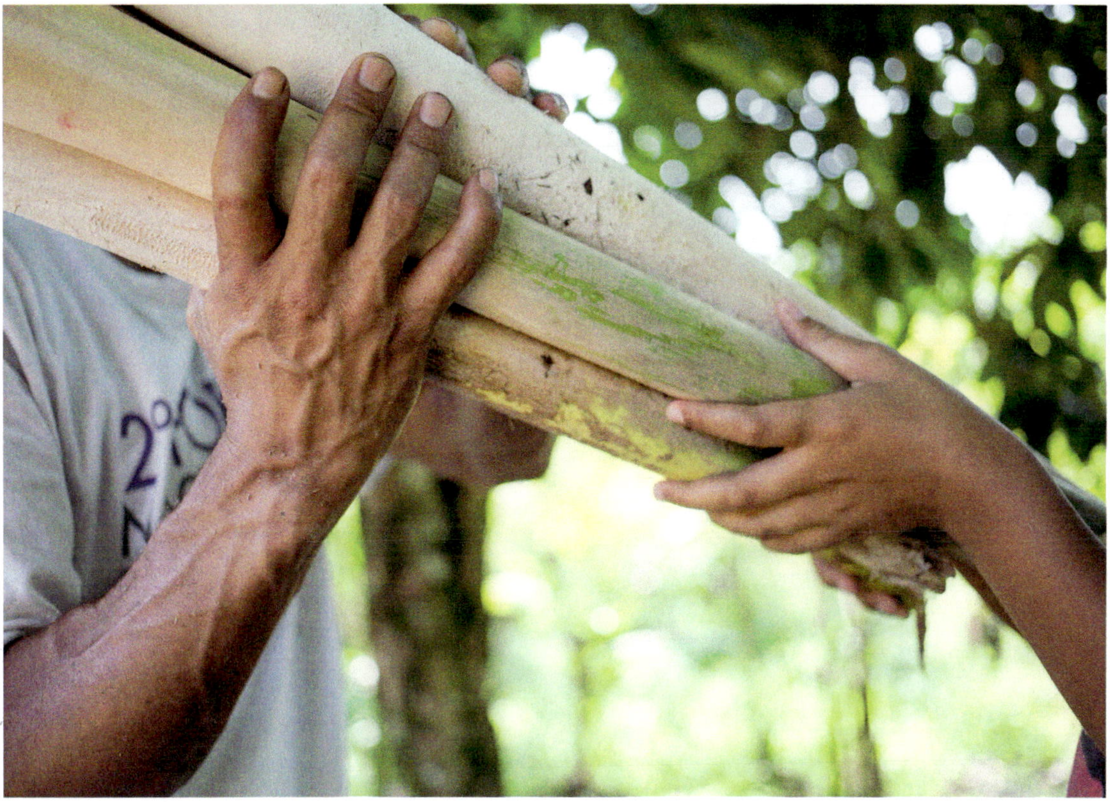

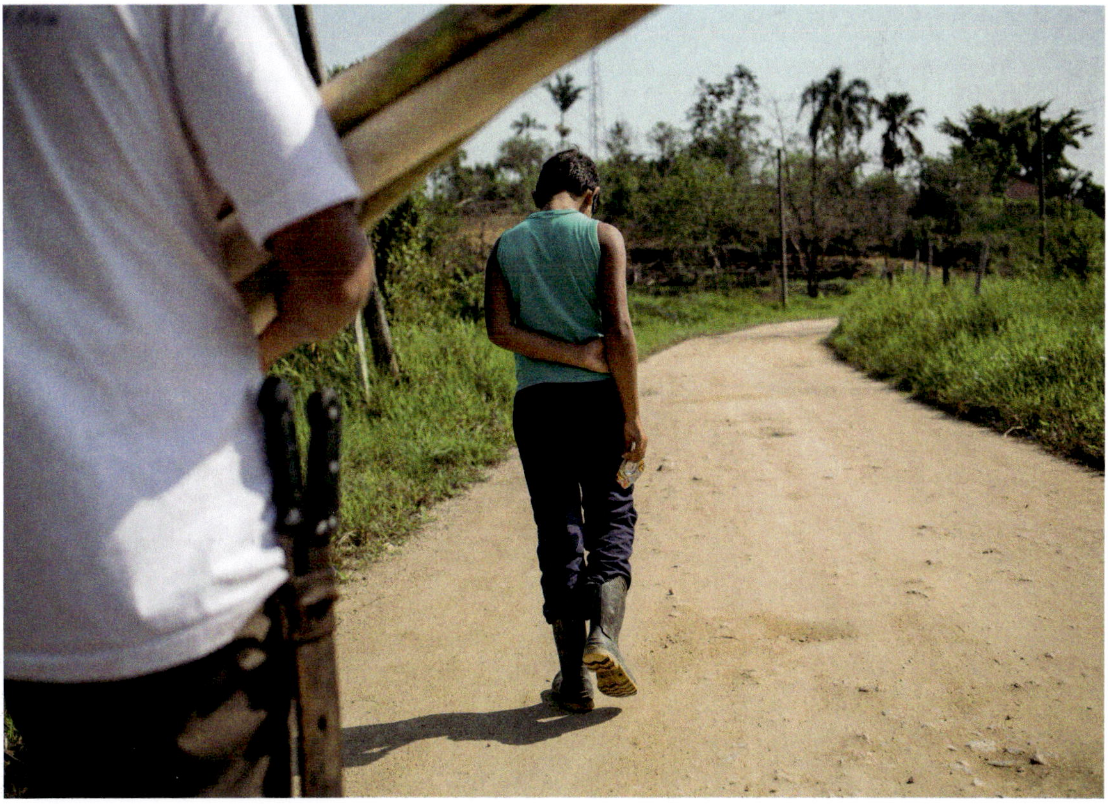

7.
O MEDO
DO TRÁFICO

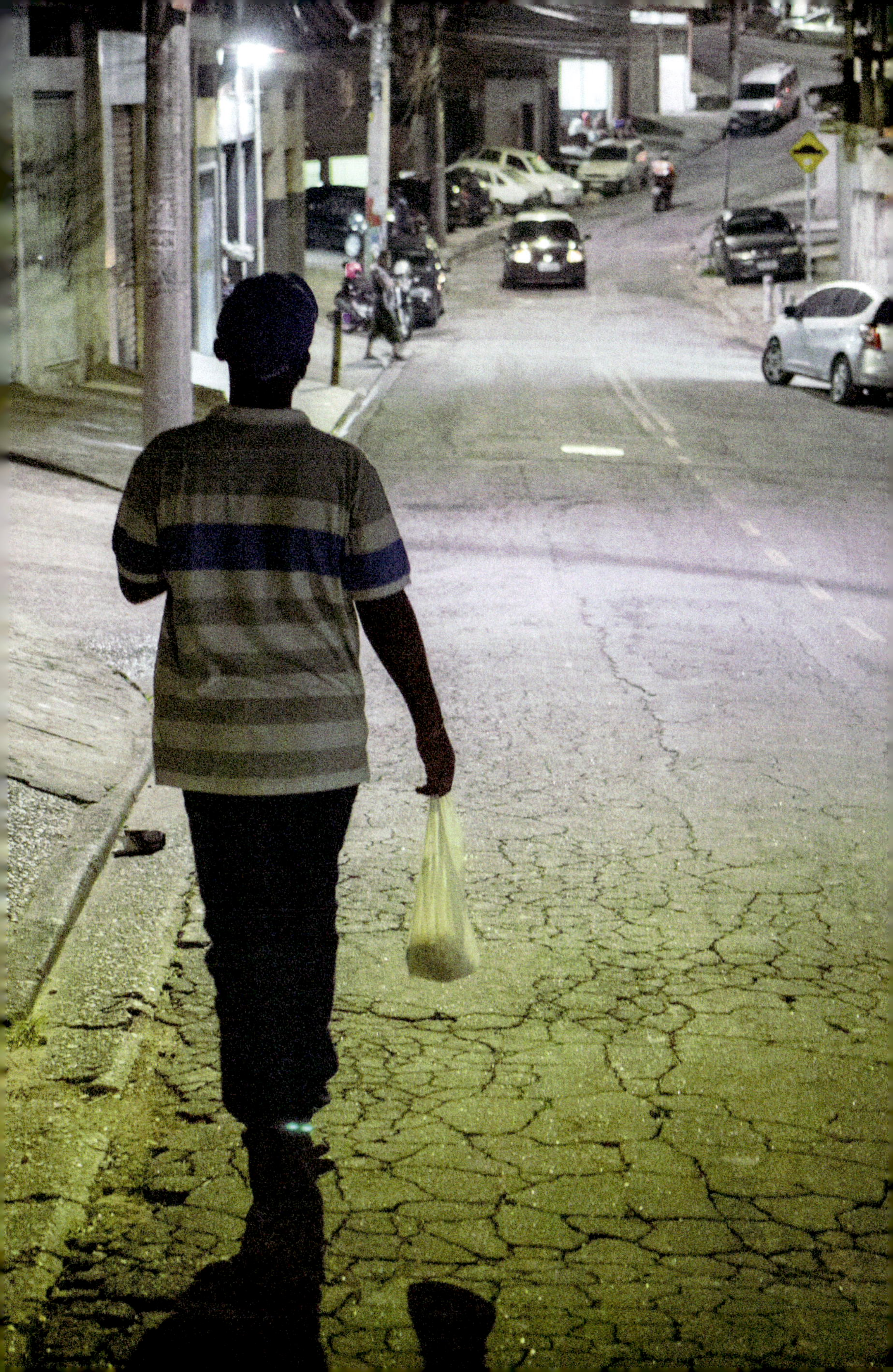

Em uma comunidade do bairro de Itapark, em Mauá, na Região Metropolitana de São Paulo, Miguel, de treze anos, trabalha na lanchonete da mãe, servindo mesas e entregando marmitas e lanches nas redondezas. Assim como ele, outros amigos da mesma idade trabalham em estabelecimentos comerciais.

O trabalho no comércio é a forma de trabalho infantil com maior incidência no estado de São Paulo. Geralmente, ele é motivo de orgulho em comunidades nas quais há forte presença do tráfico de drogas. "Se está trabalhando aqui dentro, eu consigo ficar de olho para não ele desviar do caminho", diz Fátima, de 47 anos, mãe de Miguel.

Basta olhar o outro lado da rua para ver adolescentes da mesma idade trabalhando na boca. O tráfico de drogas é considerado uma das piores formas de trabalho infantil, de acordo com a Lista TIP, da OIT.

O que há em comum entre todos esses jovens é a vulnerabilidade social de suas famílias, além da evasão ou da queda no rendimento escolar. Matriculado no oitavo ano do Ensino Fundamental, Miguel sonha em continuar os estudos e cursar o técnico em mecânica. Esse também é o sonho da mãe, que realiza grandes esforços para proporcionar melhores condições para o garoto.

Na casa acima da lanchonete, Fátima vive com o namorado, os dois filhos e o neto. Conta com a renda de um salário mínimo da pensão do falecido marido. O lucro do comércio chega a cem reais diários, mas os desafios enfrentados vão muito além da dificuldade financeira.

Há vinte anos a família passa por trágicas experiências com o câncer. O marido de Fátima morreu da doença, deixando a primogênita Ana Carolina com apenas três anos. Mais tarde, em 2011, a garotinha que perdeu o pai tão cedo também foi diagnosticada com câncer.

Foram oito anos lutando contra tumores na perna e na mama. Nesse período, Ana Carolina deu à luz o filho Heitor, mas não venceu a batalha e faleceu em 2018, aos 23 anos de idade, grávida de quatro meses do segundo filho.

Fátima reflete sobre essas coincidências numéricas da vida. Ana Carolina perdeu o pai aos três anos e deixou o filho quando ele tinha a mesma idade, mas o que ninguém esperava é que Heitor também desenvolveria a doença, seis meses depois do falecimento da mãe. "A escola notou algumas mudanças de comportamento e, em seguida, ele começou a arrastar a perninha. Estava com câncer na coluna e na cabeça", contou a avó.

Com quatro anos, o garotinho é a terceira geração vítima da doença cuidada pela matriarca e passou por diversas sessões de quimioterapia e radioterapia, pois os médicos dizem que não é possível realizar cirurgias nas áreas afetadas.

Nesse contexto de enfermidades e limitações, o filho caçula de Fátima, Miguel, precisou crescer antecipadamente. "Quando Ana Carolina ficou doente, ele tinha apenas quatro anos e minha segunda filha tinha nove. Eu não consegui ser tão presente na vida dele. Precisava deixá-lo o dia inteiro na escola para conseguir acompanhar o tratamento", explica a mãe.

Aos treze anos, o adolescente colabora no estabelecimento da família, que abre às nove da manhã e fecha às onze da noite, enquanto Fátima acompanha o tratamento do neto em internações que duram até um mês ou em viagens de até três horas diárias ao hospital em São Paulo.

Miguel começa a trabalhar às onze horas para servir o almoço. Fátima fica no fogão, enquanto ele atende as mesas e providencia o troco. Também entrega até vinte marmitas pela vizinhança, a pé, em curtas distâncias.

Apesar da pouca idade, a expressão corporal do garoto comunica a seriedade que provavelmente a vida lhe impôs. Bem-vestido e perfumado, responde às perguntas com atenção, enquanto não descuida dos clientes, com os quais é gentil, mas sorri pouco.

Na concentrada caminhada para entregar um hambúrguer em um salão de beleza, quem o vê na escuridão da noite não imagina sua história de vida. Ele não vai longe, inclusive, por cautela da mãe.

Não é incomum a polícia fazer batidas na comunidade por causa do tráfico, até mesmo à paisana. Alguns meninos aliciados pelo crime já ficaram internados na Fundação Casa, mas depois voltaram a trabalhar na boca. Às vezes, as abordagens policiais são violentas. Nessas horas, ser um jovem negro é por si só um risco.

Em meio aos deveres, Miguel arruma um tempo para se divertir. Entre os turnos do trabalho, joga bola no campinho todos os dias às duas da tarde. Quando o conhecemos, o expediente havia terminado mais cedo, pois ele tinha um aniversário e os amigos já o esperavam para a comemoração. Aí, sim, ele abriu um largo sorriso.

"LANCHES"
X. Salada. 5,00
X. Calabresa 6,00
X. Bacon. 6,00
X. OVO 6,00
X. Salame. 6,00
X. Frango. 7,00
X. Tostone 6,00
X. Tudo. 8,00
X. gordinho 1 por 9,50 ou
X. DOG. 5,00 2 por 18,00
X. Salada Duplo 6,00

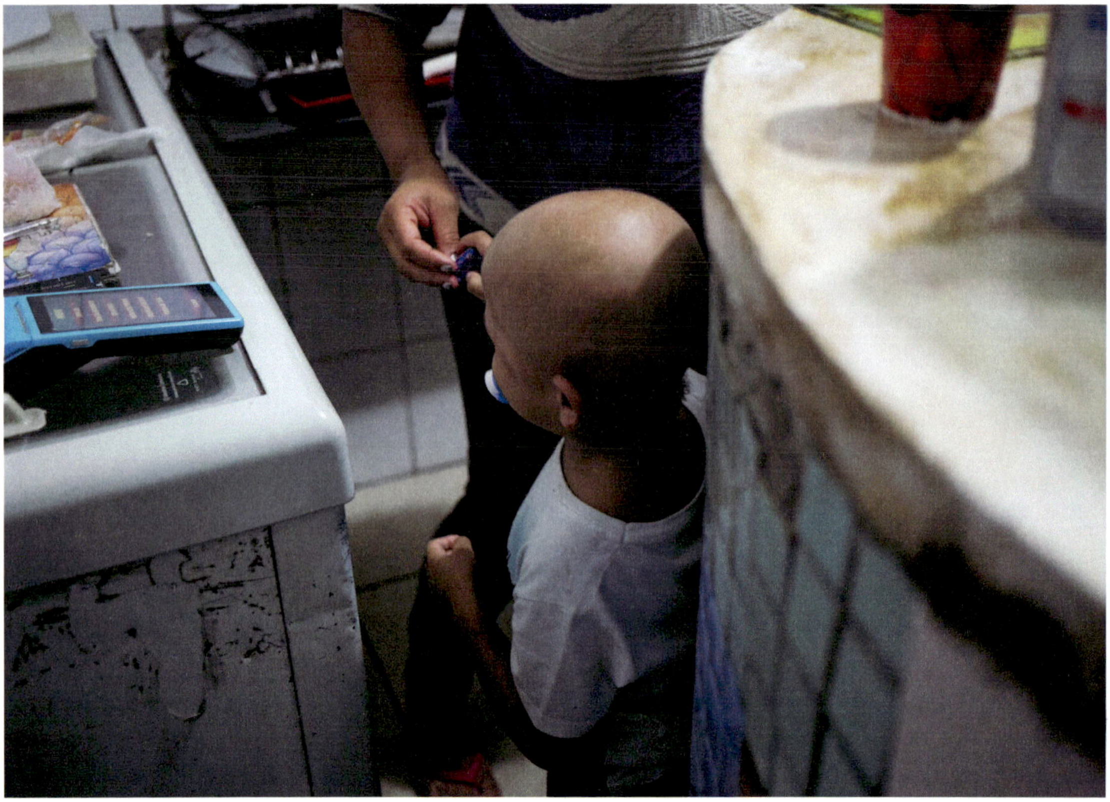

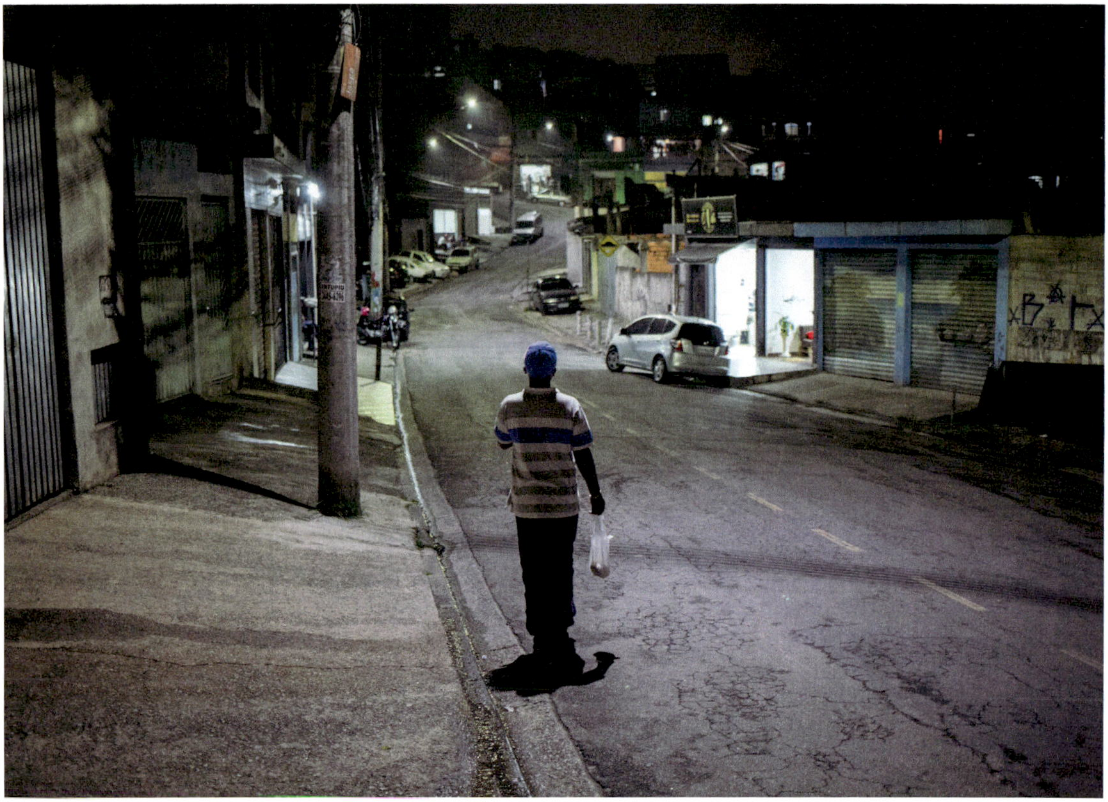

TODOS OS
TIPOS DE
LANCHES

miojo 3,00
pronto

A "GRANDE OPORTUNIDADE" NAS OFICINAS DE COSTURA

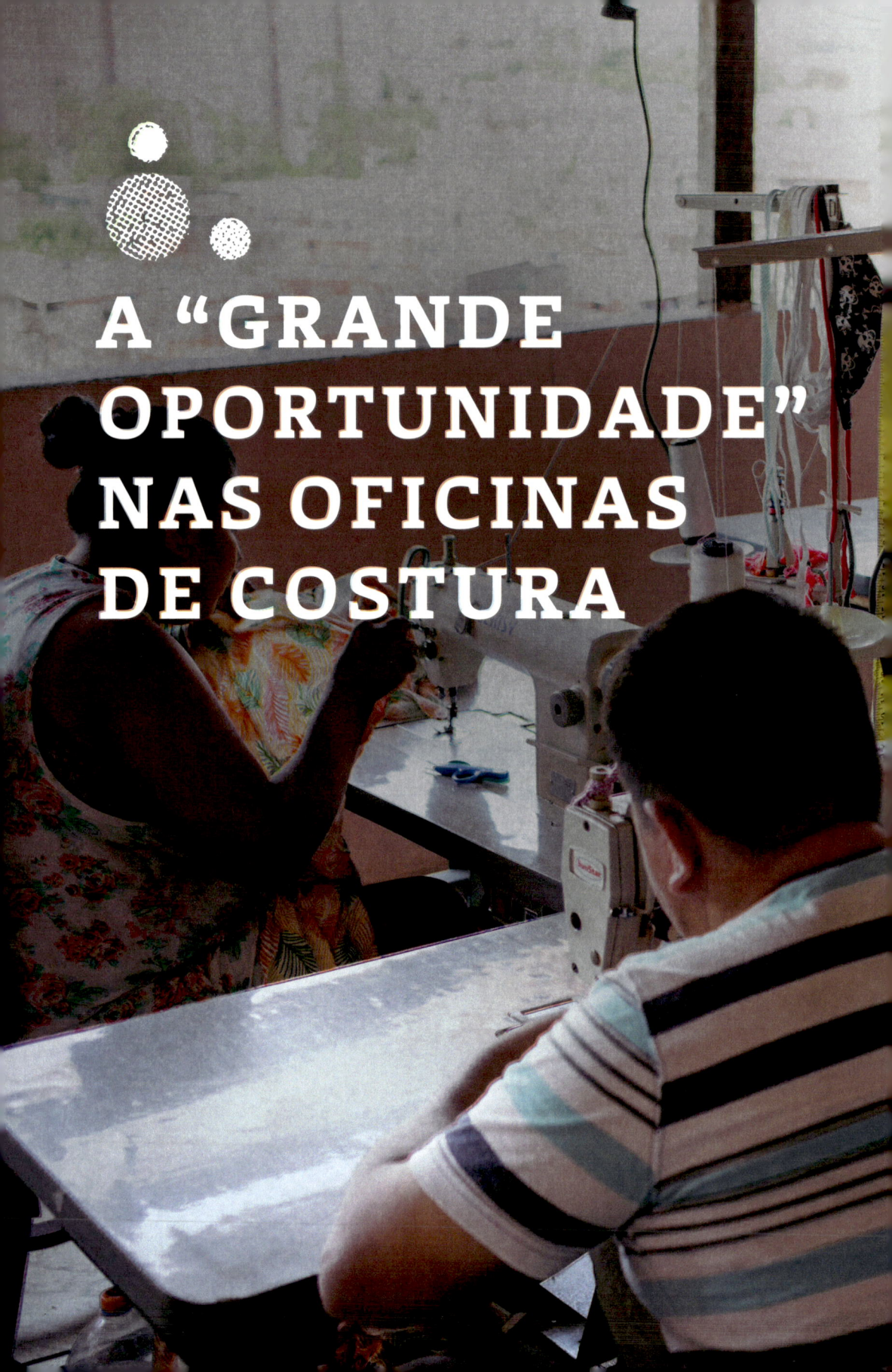

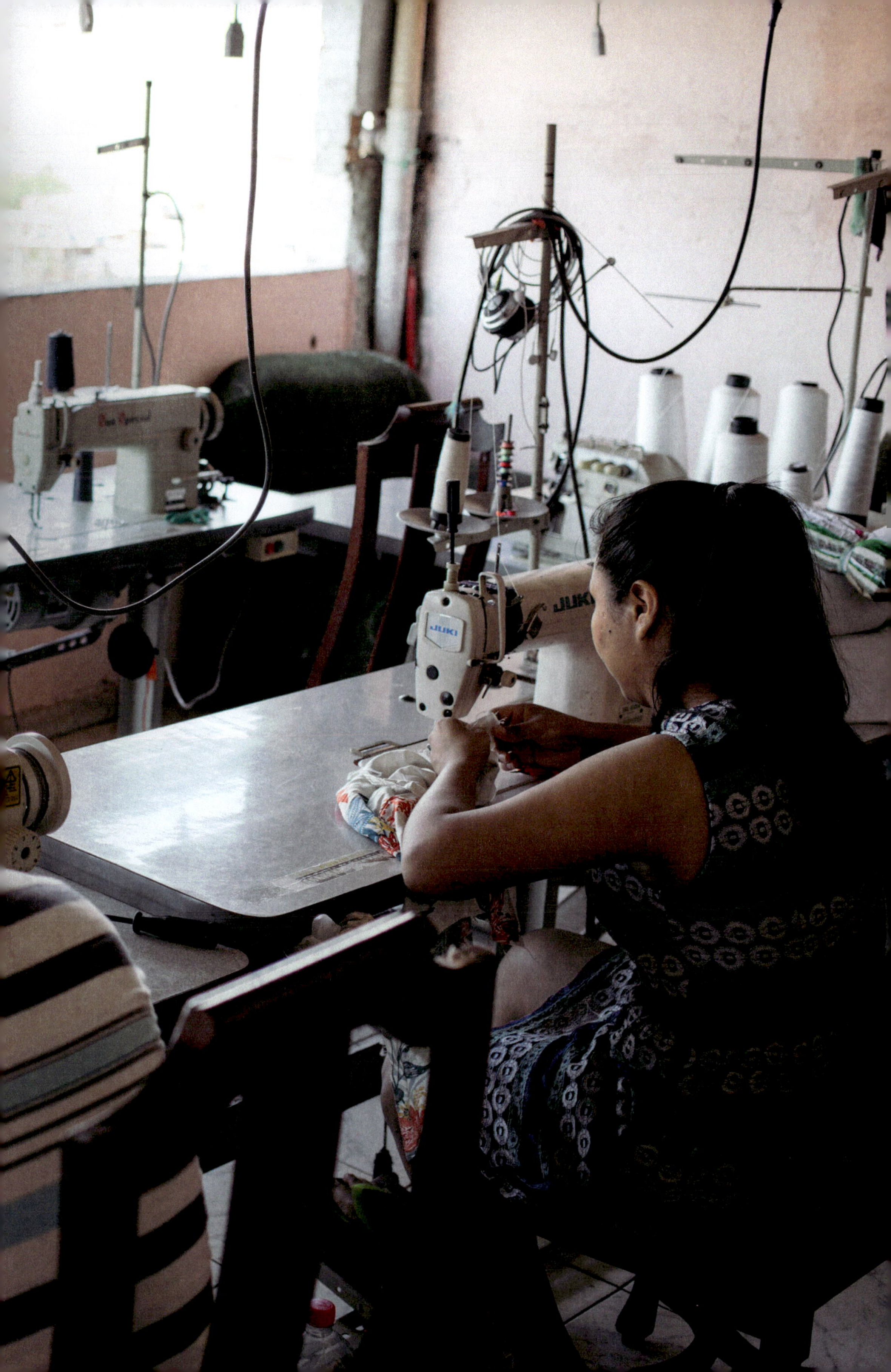
JUKI
JUKI

Kori nasceu em Trinidad, capital do estado de Beni, na Bolívia. Aos oito anos ficou órfã, e então passou a viver em um internato de padres em Santa Cruz, a 83 quilômetros da cidade, onde também estudava, acompanhada dos seis irmãos. No Ensino Médio, retornou a Trinidad para concluir os estudos, hospedando-se em um apartamento cuidado pelas secretárias dos padres, do qual saiu apenas para se casar, aos 23 anos, depois de concluir a graduação em ciências da educação e cursar um ano de comunicação.

Trabalhando como professora, Kori contou que a vida era confortável na Bolívia, com renda equivalente a 3 mil reais mensais, além da pensão que os dois filhos ganhavam do pai, de quem se divorciou em 2014. Até que uma amiga a convidou para o que chamou de "grande oportunidade": um emprego no Brasil em uma oficina de costura de um conterrâneo da Bolívia, onde seria possível ganhar muito dinheiro.

A morte dos pais foi a primeira grande reviravolta em sua vida. A mudança para o Brasil foi a segunda virada para uma condição pela qual jamais imaginou passar: o trabalho análogo à escravidão.

Com filhos adolescentes, na época com dezesseis e quatorze anos, além da sobrinha, com quinze, Kori chegou à oficina de costura no Jardim Peri, Zona Norte de São Paulo, em janeiro de 2018, enfrentando quatro dias de viagem de ônibus, partindo de Trinidad.

Na chegada, colchões fininhos no chão não ofereciam conforto depois do longo trajeto. Nos seis meses seguintes, a família trabalhou das sete da manhã às oito da noite e se alimentou de forma pouco nutritiva, com pão, café, arroz e salsicha na maior parte das refeições.

Segundo a imigrante, é muito comum donos de oficinas de costura bolivianos, venezuelanos e paraguaios chamarem os conterrâneos para trabalhar em São Paulo, sem informar as condições. A indústria têxtil, marcada pela informalidade das oficinas de costura familiares, é um dos setores com a mais alta incidência de trabalho análogo à escravidão e de trabalho infantil.

Quando conseguiu sair do local em que era explorada, a família de Kori alugou um apartamento no mesmo bairro. Montaram uma oficina no fundo, em uma varanda, o lugar mais ventilado da casa e com vista panorâmica do periférico Jardim Peri. Ali ficam seis máquinas de costura. Outras duas ficam na sala.

A cozinha, a sala e os quartos são pouco ventilados e iluminados, uma vez que as janelas dão para um vão fechado. Kori, a filha Alessandra e a sobrinha Pilar dividem um dos quartos. O segundo dormitório é utilizado por uma outra família, que também trabalha no local. Pablo, o filho de Kori, dorme sozinho na sala.

Matriculado no segundo ano do Ensino Médio, o rapaz almeja atuar como vendedor de lojas varejistas e sente vergonha do serviço com costura, por ser uma atividade considerada feminina no país de origem da família.

Assim como ele, a irmã Alessandra e a prima Pilar também trabalham na área. O sonho de Alessandra é ser manicure, e o de Pilar, confeiteira. Mas, por enquanto, o expediente é duro na oficina. Uma blusa costurada por cinco reais, por exemplo, chega a ser revendida por 150 reais no Bom Retiro. "Se atrasamos a entrega, é descontado o valor de um real por peça", contou Kori.

A mãe da família tem feito cursos de empreendedorismo para imigrantes na cadeia têxtil. Nos cursos ela descobriu formas de organizar os fios elétricos, antes instalados de maneira perigosa. Aprendeu também que o ideal é não misturar o local de moradia com o de trabalho, assim como não hospedar conterrâneos em troca de emprego e comida.

Afeita aos estudos, Kori demonstra orgulho dos aprendizados e sonha que os filhos sigam carreiras no mercado formal. Contudo, nem todos os imigrantes vítimas do trabalho análogo à escravidão conseguem traçar o mesmo caminho de superação.

A mão dos empresários é pesada ao puni-los quando não cumprem prazos de entrega ou danificam alguma peça de roupa durante a costura. Pesada também é a rotina de muitas horas de trabalho. Geralmente, os filhos adolescentes assumem a responsabilidade como adultos. Já os pequenos passam o dia ao pé das máquinas, brincando em meio a tecidos, linhas, agulhas e também contribuindo com pequenas tarefas, como colocar aviamentos e acessórios nas peças.

É paradoxal a relação entre o glamour da moda e o trabalho nas oficinas. Nas casas dos imigrantes, o colorido das estampas e das linhas contrasta com as paredes sem pintura ou janela, com a fiação aparente e com o trabalho infantil. Dessas casas, as peças que as costureiras provavelmente nunca poderão comprar saem para ser exibidas nas vitrines de bairros como Brás e Bom Retiro, chegando às mãos do consumidor sem uma etiqueta capaz de contar a verdadeira história daquela roupa.

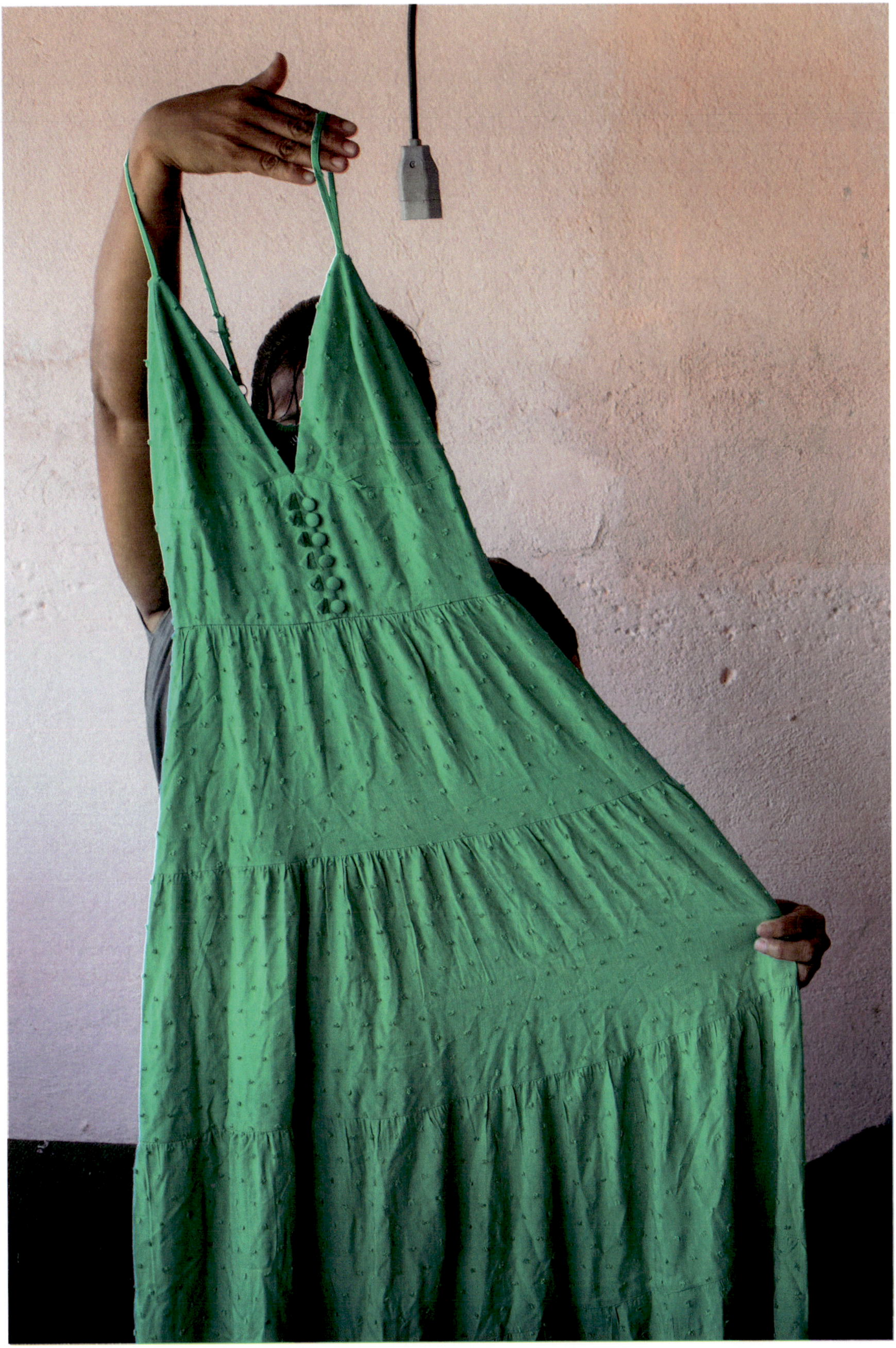

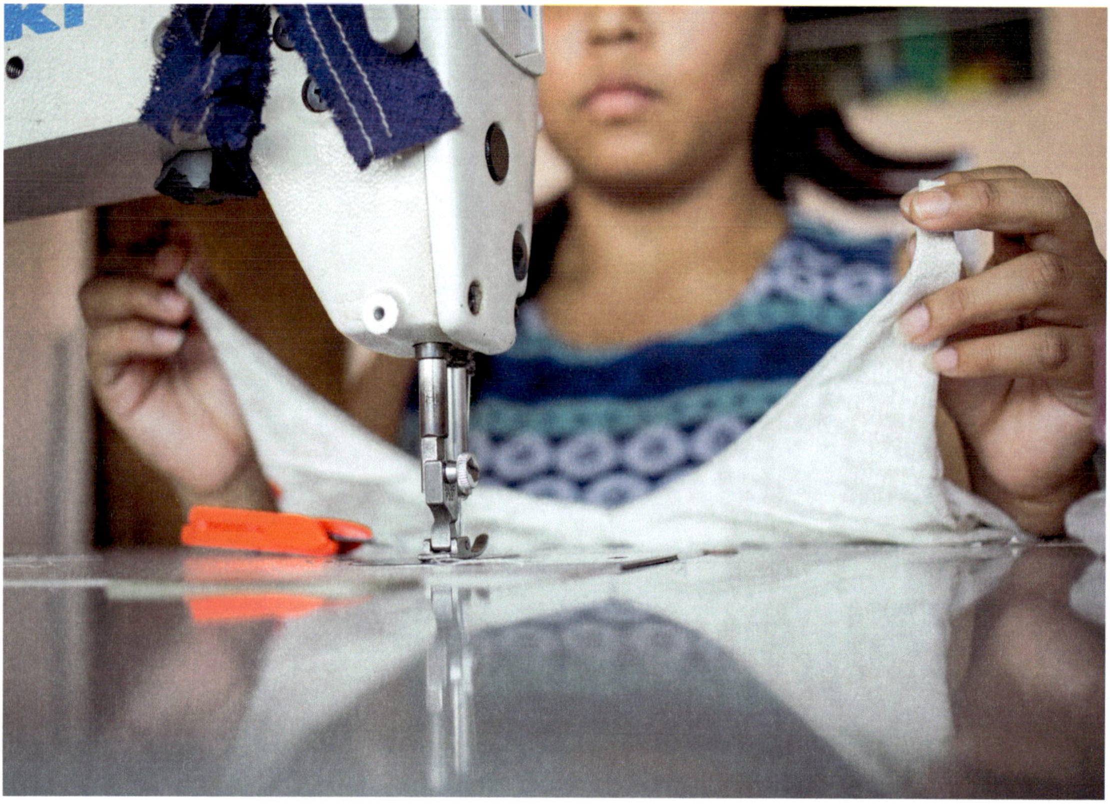

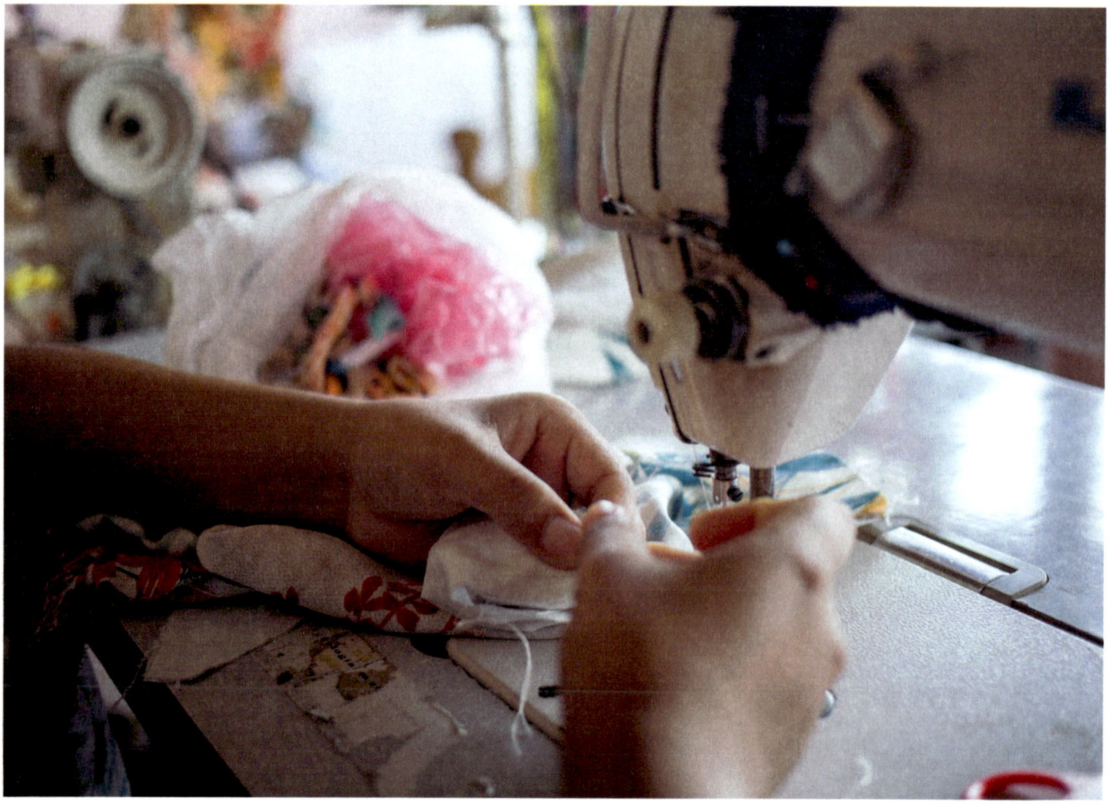

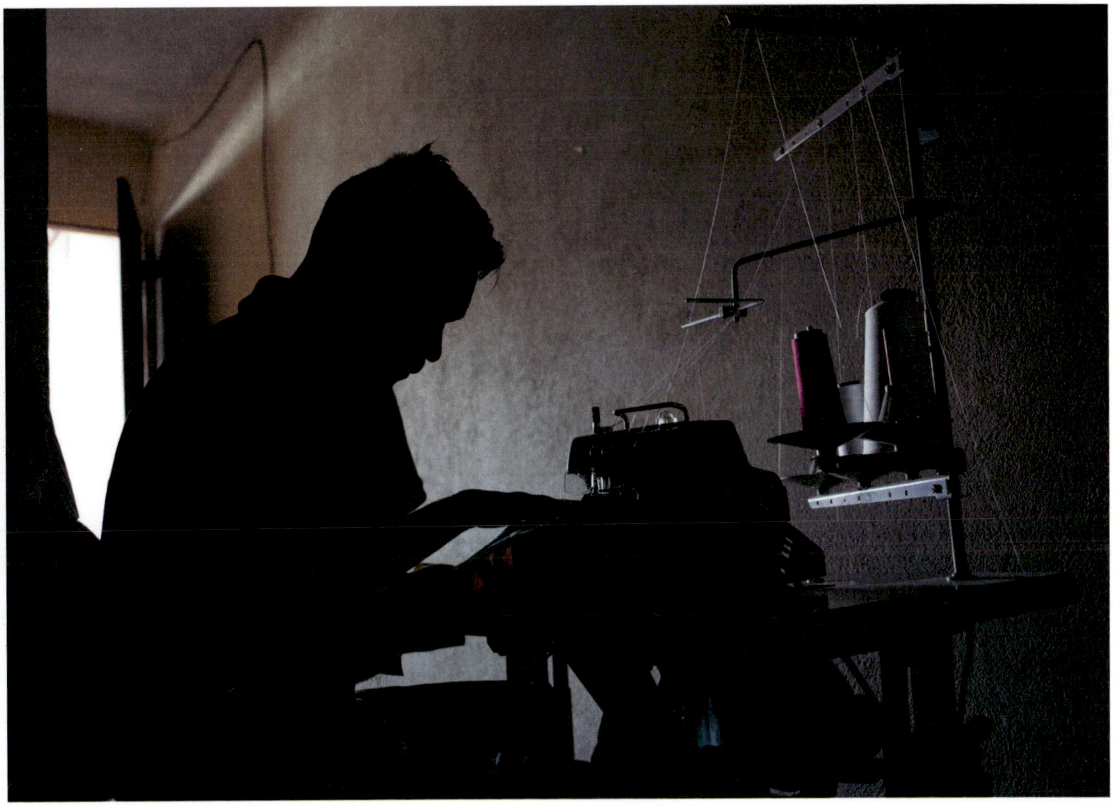

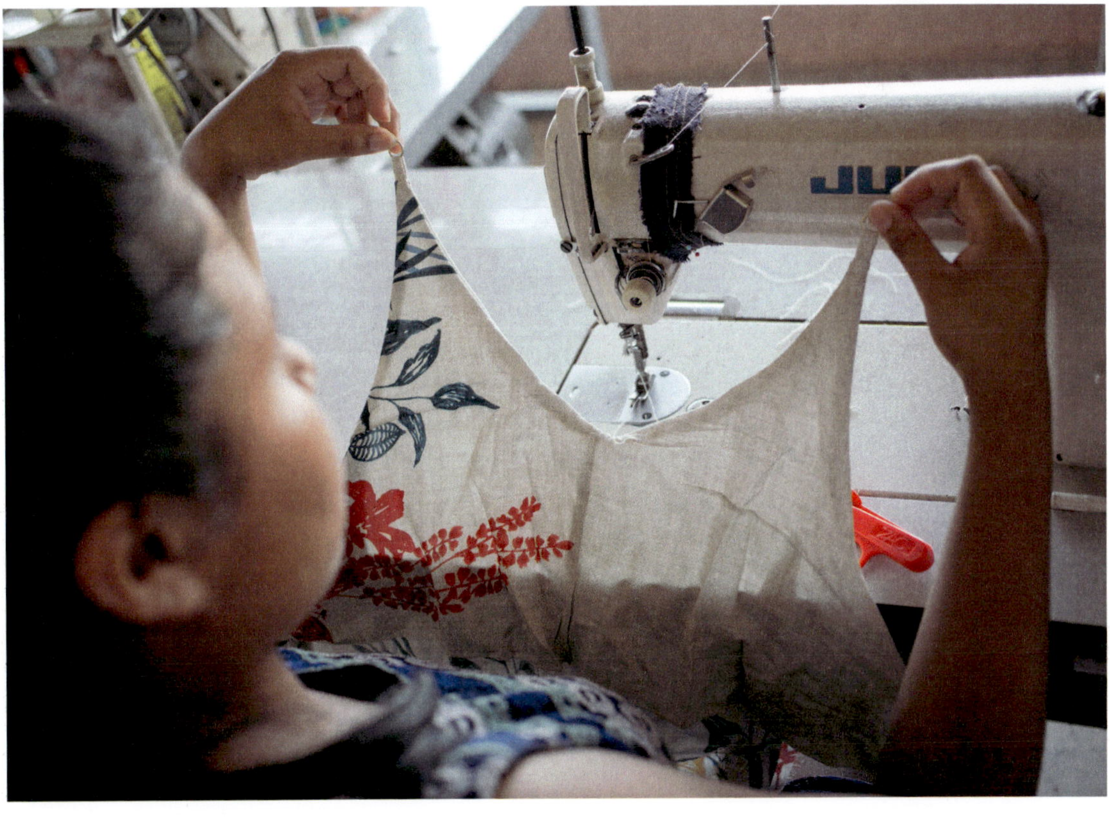

9.
O LIXÃO COMO QUINTAL

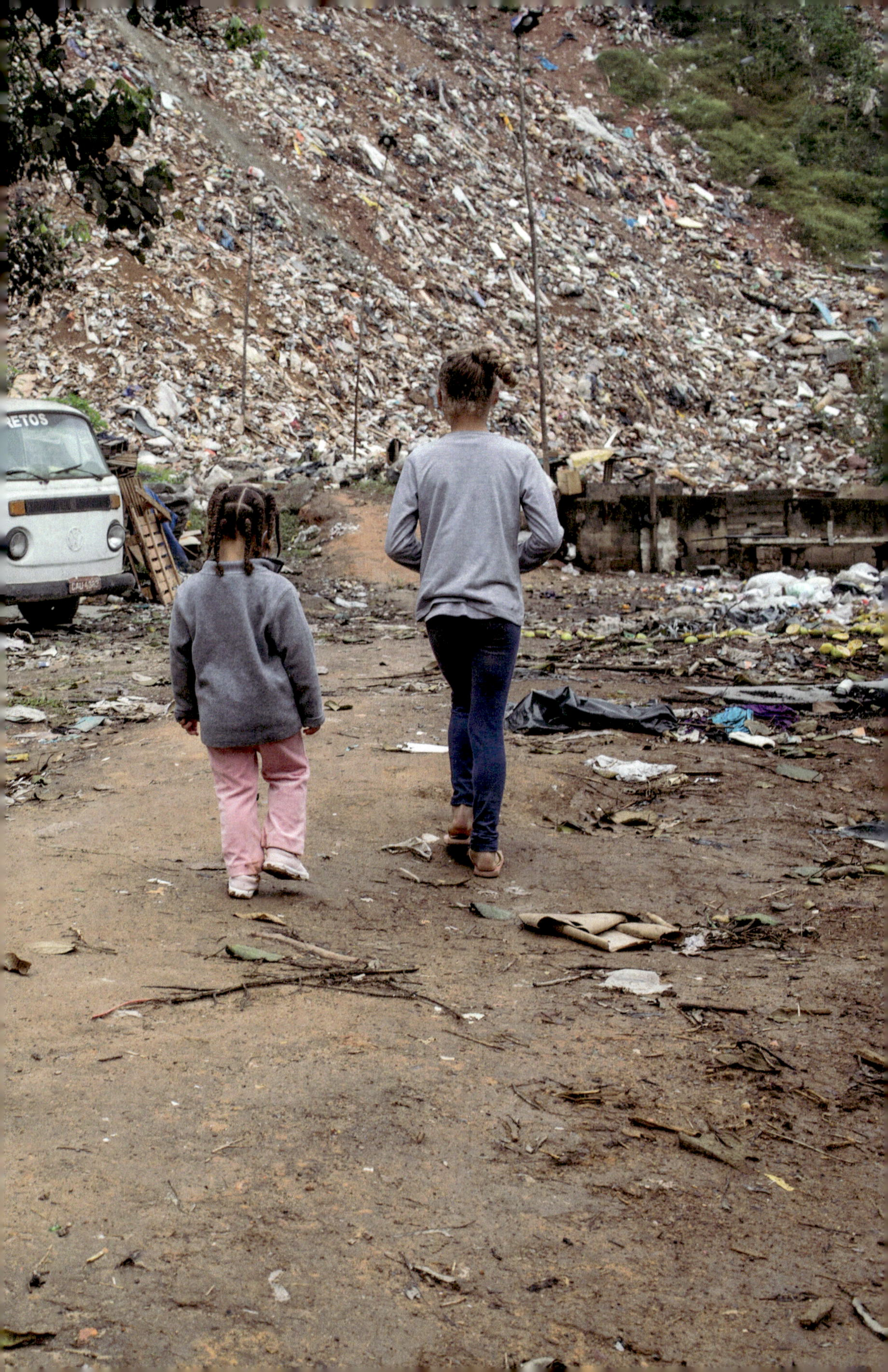
RETOS

Imagine um barranco com mais de quarenta metros de altura. Nele não há árvores, grama, nem cachoeira para as crianças brincarem. Também não é uma rua pavimentada por onde passam carros e pessoas. É um depósito de lixo, bem no meio de uma comunidade em que vivem cerca de 2.500 famílias, no Jardim Ângela, extremo sul de São Paulo.

No topo do barranco passa uma rua, onde caminhões basculantes param e despejam entulho ladeira abaixo. Concreto, madeira, papelão e tantos outros materiais rolam violentamente ao chão. As pessoas que ali vivem se apoiam em cabos de madeira para uma quase escalada, em busca de materiais para reciclagem.

É justamente da reciclagem que vive a maior parte das famílias da região. O lixo é uma atividade econômica local há mais de vinte anos. Segundo relatos dos moradores, em 1998 alguns terrenos do entorno serviam de aterro para o descarte irregular de lixo hospitalar.

O contato com os resíduos é muito intenso e os serviços essenciais são precários. O ponto de ônibus mais acessível, por exemplo, fica a trinta minutos a pé. Já para a Unidade Básica de Saúde (UBS), a distância chega a ser de quarenta minutos caminhando. A comunidade enfrenta grandes dificuldades de mobilidade e fica privada do acesso a direitos fundamentais. Como as crianças e os adolescentes se desenvolvem nesse contexto?

A resposta traz a cena de muitos deles trabalhando desde cedo na reciclagem. Uma delas remete à história da família de dona Ana, de 63 anos. A neta Camile, de dez, ajuda na separação do material, entre papéis, vidros, plástico e metais, guardados no quintal da residência onde cinco pessoas vivem com uma renda familiar mensal de até 980 reais.

Insetos sobrevoam o quintal ocupado por resíduos amontoados. Paira no ar também o odor do lixo e a insegurança da falta de dinheiro para o próximo mês. Sobra um estreito corredor que leva até a casa dos fundos, ainda por terminar. Como a família não tem a prensa adequada para finalizar os recicláveis e agregar valor à mercadoria, é preciso repassar o material coletado para um depósito, recebendo menos.

Dona Ana parou os estudos na antiga quinta série, mas apoia o sonho da neta em ser médica obstetra. Já de olho na saúde e na natureza, a garotinha mostra orgulhosa o símbolo da reciclagem e explica a importância de reutilizar e reciclar. Mas onde mora nem sempre o acesso à saúde é garantido, uma vez que o esgoto da casa da família é despejado em um riacho próximo.

A falta de acesso à água e ao saneamento básico se repete em cerca de 40% das casas, pois não há rede de esgoto, de acordo com informações de uma organização da sociedade civil que atua há trinta anos no local. A mesma limitação acontece com relação à iluminação pública. As ruas, de terra, não são iluminadas, e até 70% das casas consomem a energia de forma irregular.

Os mais novos ajudam na separação dos materiais e os adolescentes trabalham diretamente na coleta. Eles puxam carroças ou acompanham os adultos em viagens de carro para o centro da cidade e bairros nobres da Zona Sul, como Moema e Campo Belo, em busca do lixo de residências e de estabelecimentos comerciais.

É o caso dos irmãos Roberta, de dezessete anos, e Gustavo, de quinze. Há dois anos, o pai dos garotos sofreu um acidente de trabalho e perdeu uma das pernas. Os filhos, que atuavam havia seis anos na coleta de papelão em uma carroça, tiveram a responsabilidade na renda da casa aumentada.

O serviço pesado influenciou na decisão dos irmãos, no início de 2019, de deixarem a escola, localizada a quarenta minutos a pé de onde moram. Eles apontam o cansaço, a distância e o *bullying* sofrido como os motivos da evasão.

Como resultado, o benefício do Bolsa Família foi suspenso, uma vez que a permanência escolar é uma das exigências do programa. Com a reciclagem, a renda familiar chegava a quinze reais por dia, mas agora a carroça quebrou e não há recursos para o conserto. Sem estudo e sem trabalho, os irmãos estão sobrevivendo de doações.

Nos fundões do Jardim Ângela, é sabido que o descarte irregular de lixo acontece. Mas a visão e o olfato de quem é de fora precisam de adaptação. Nem mesmo as entranhas do centro abandonado da cidade são páreos para tal realidade. As crianças nos levam ao barranco do lixão com a animação de anfitriãs. O *tour* é interrompido pela reação oposta de uma dupla de homens que domina a reciclagem por ali: "Quem são vocês? O que estão fazendo aqui?".

Com o aval dos líderes comunitários locais, seguimos a visita. Uma criação de porcos ao pé daquele morro surpreende. O cheiro é forte. Os animais se alimentam de lixo orgânico e a carne é vendida em feiras. O marrom e o cinza são as cores predominantes, quebradas pelo vestidinho cor-de-rosa de Camile, a garota que deseja ser médica e cuidar da saúde do próximo – o sonho que contrasta com a realidade paralela do lixão.

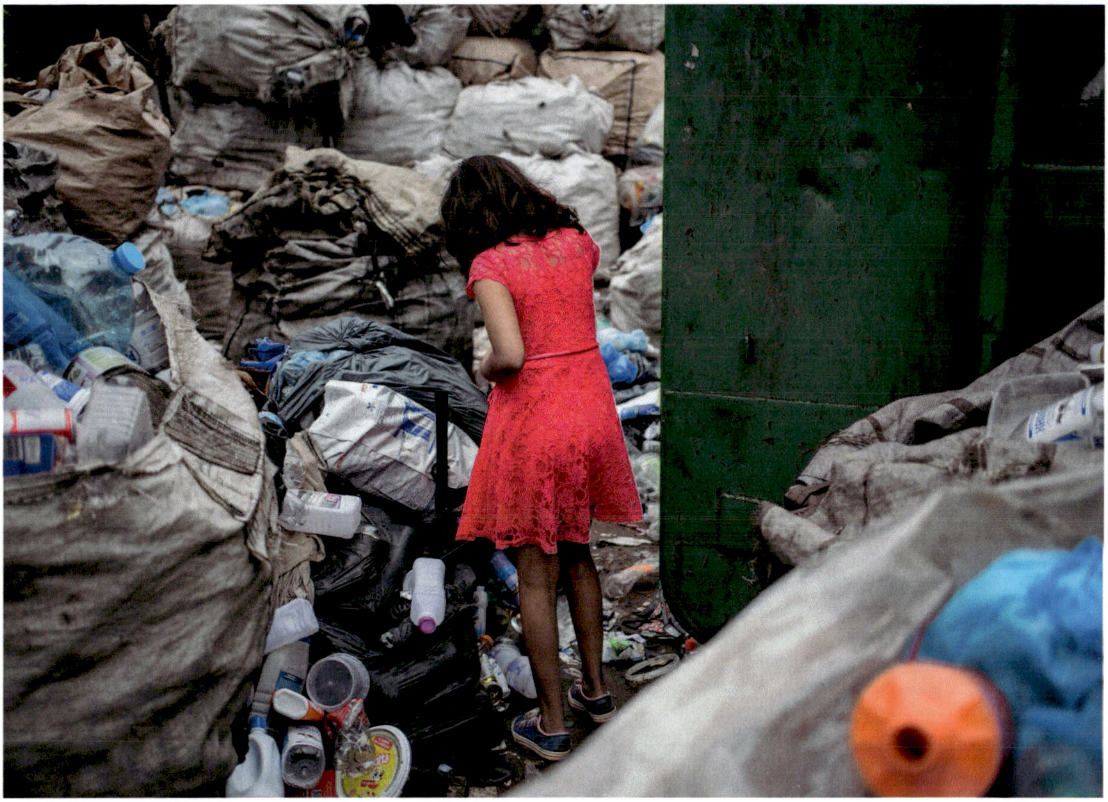

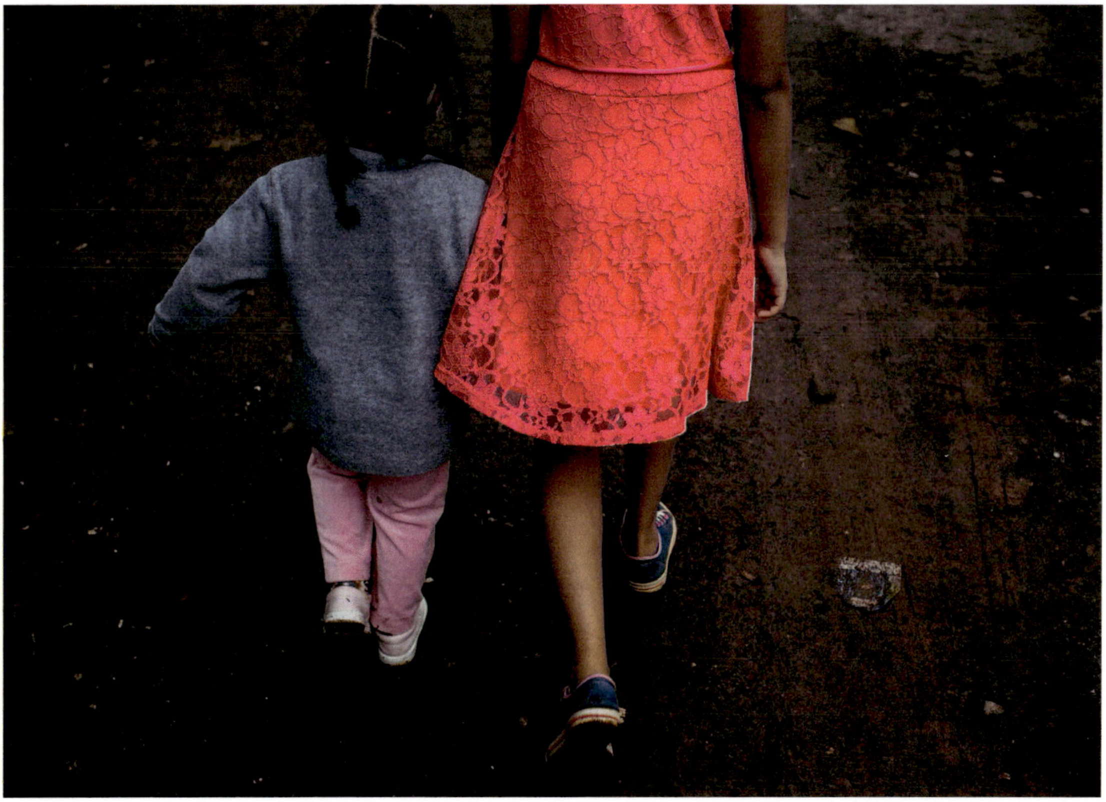

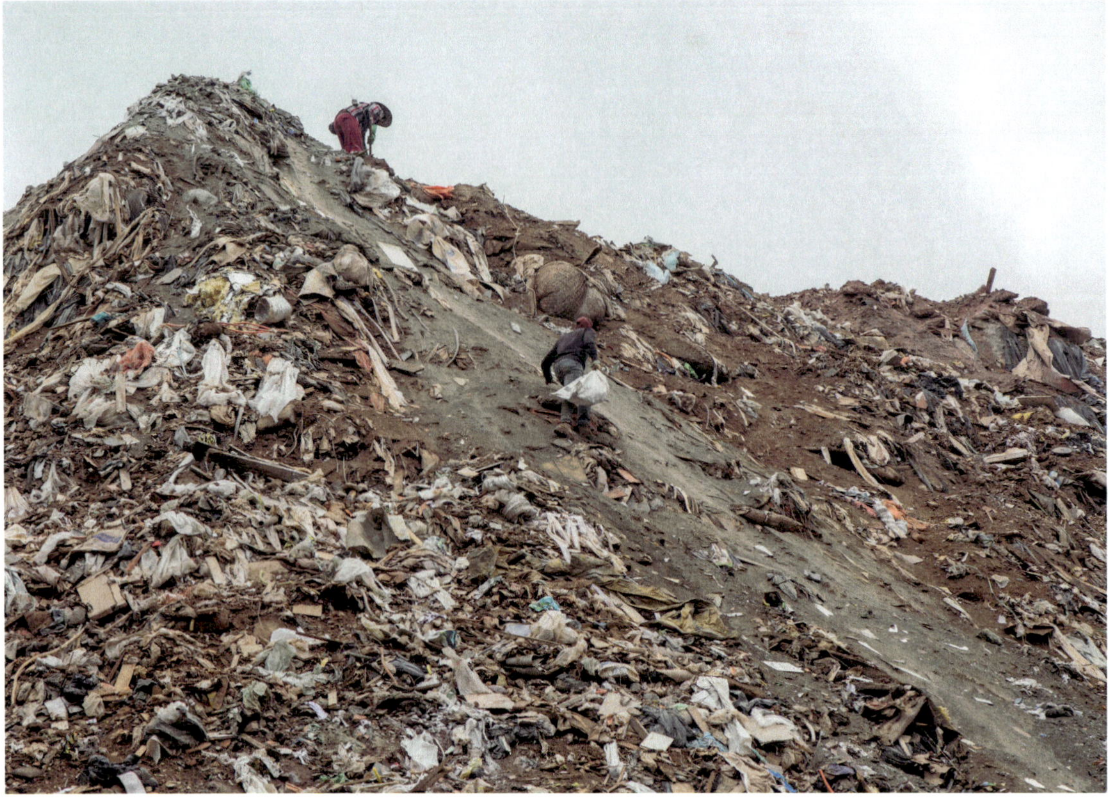

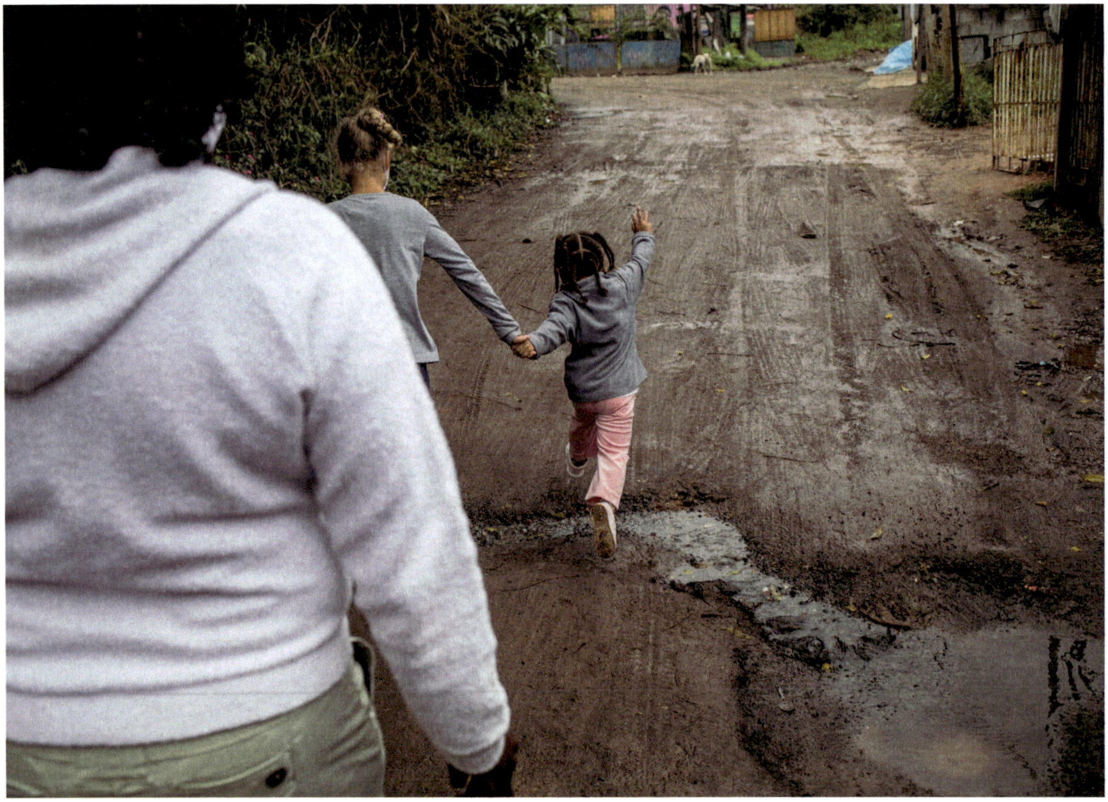

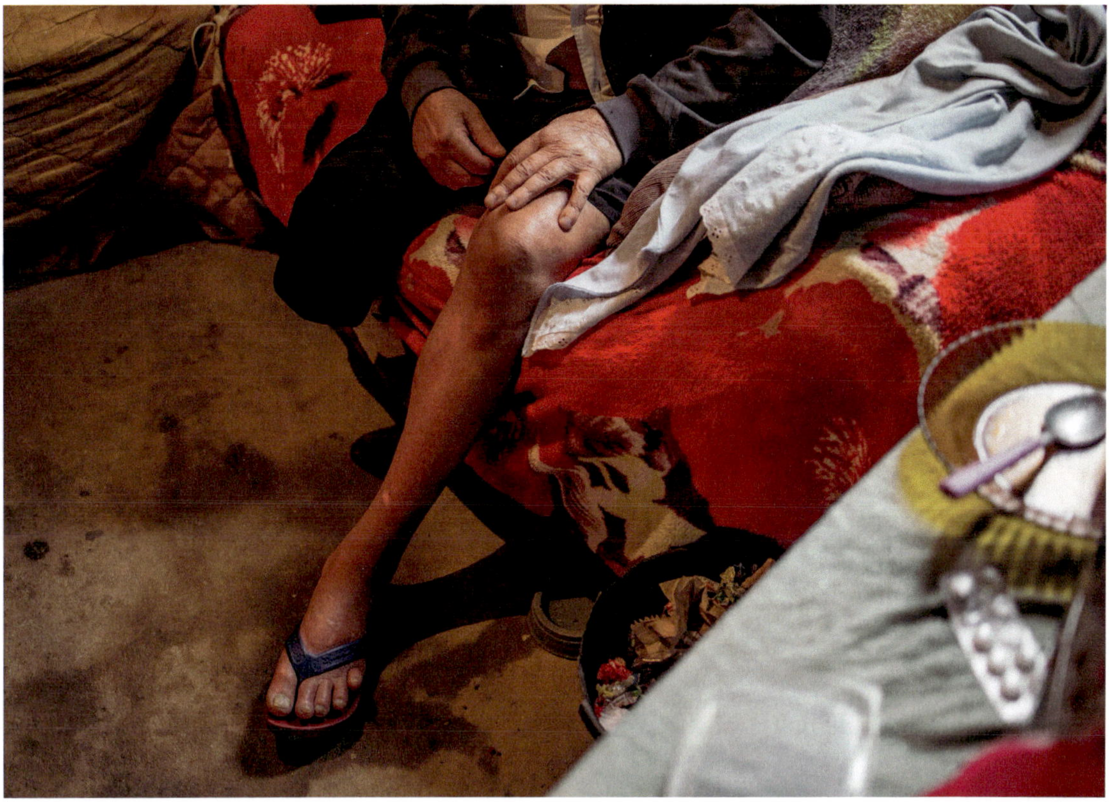

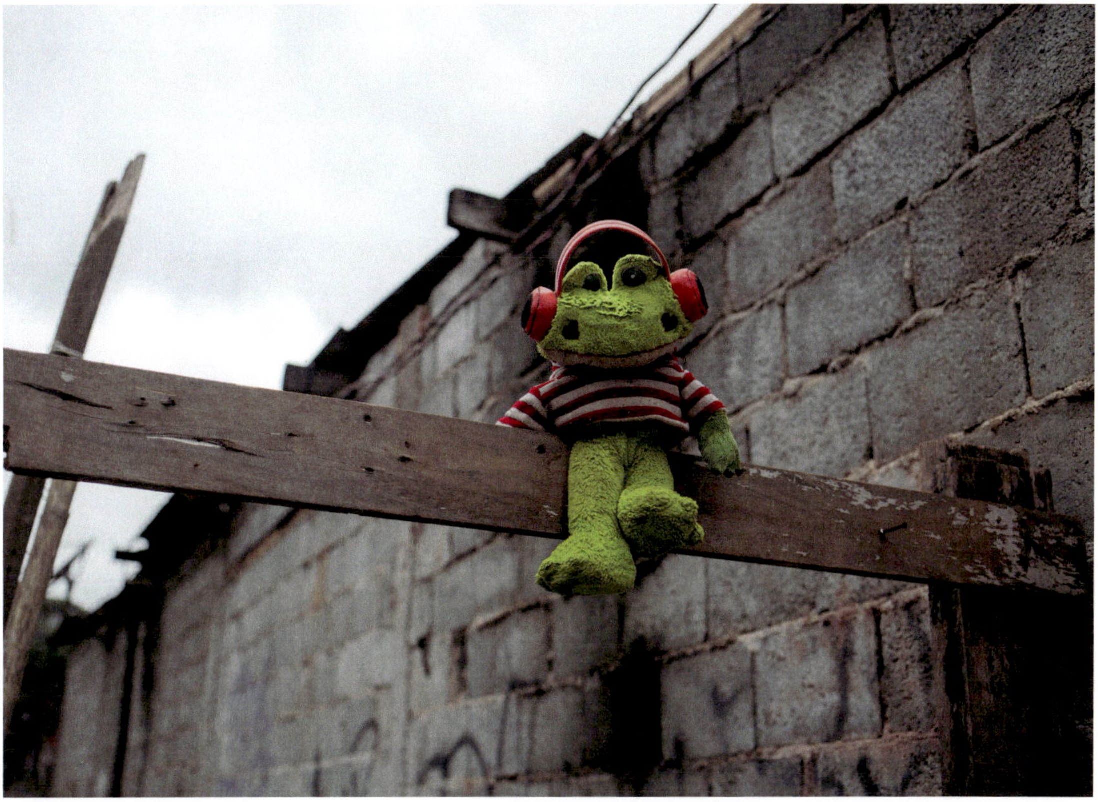

10.
A PANDEMIA E A MENDICÂNCIA

CARNAVAL
2020
Bloco Carnavalesco
LADÁRIO
AUTO PEÇAS
CVN
CAMINHÕES
E PEÇAS
VILA EDE
Mas Não Seca

É março de 2020 e está tudo diferente no cenário do trabalho infantil nas ruas de São Paulo. São os tempos da pandemia de Covid-19. Antes, as meninas e os meninos deixavam as periferias rumo ao centro da cidade para trabalhar vendendo panos de prato, amendoim e balas, ou até mesmo para pedir nos faróis.

Eis que o comércio, os bares, restaurantes e diversos serviços fecharam. Tudo virou ausência. Para onde foram e como estão as crianças na fase mais rígida de quarentena no Brasil? Fontes da rede de proteção relataram que muitas delas retornaram para suas casas na periferia, onde continuam de plantão nas portas de supermercados na esperança de doações.

Gil, de nove anos, é uma dessas crianças. Morador de uma favela na Zona Norte de São Paulo, passava os dias nos faróis da região da Vila Medeiros pedindo junto com outros jovens, como o primo e xará, de onze anos. Nós os encontramos em uma fila de distribuição de marmitas de um restaurante da região, acompanhados apenas por uma bicicleta. Vestindo chinelos, os pés sujos denunciam a situação de rua. Acostumada a circular desacompanhada de adultos, a dupla busca por doações no almoço diariamente.

A mendicância é considerada uma forma de trabalho infantil. O Plano Nacional de Prevenção e Erradicação do Trabalho Infantil (PETI) reconhece como tal atividades para sobrevivência, remuneradas ou não, realizadas por crianças e adolescentes abaixo da idade permitida pela lei. De acordo com a Lista TIP da OIT, o trabalho infantil nas ruas expõe as crianças e os adolescentes a prováveis riscos ocupacionais, como exposição à violência, drogas, assédio sexual e tráfico de pessoas; à radiação solar, chuva e frio; acidentes de trânsito e atropelamento.

Especialistas apontam que voltamos à crise alimentar dos anos 1980 e 1990. Quem não conseguiu pagar o aluguel foi parar na rua. Vendo os números de atendimento saltarem, organizações da sociedade civil se mobilizaram para ampliar sua atuação. Uma delas encontrou uma família com um bebê de poucos meses dormindo dentro de um armário. Com a crise sanitária, chegou também uma crise humanitária.

Segundo dados do Inquérito Nacional sobre Insegurança Alimentar no Contexto da Pandemia da Covid-19 no Brasil, realizado pela Rede Brasileira de Pesquisa em Soberania e Segurança Alimentar e Nutricional (Rede Penssan), mais da metade da população (55,2%) estava em situação de insegurança alimentar no final de 2020. Ou seja, não tinha certeza se haveria comida suficiente em casa no dia seguinte.

A sondagem mostrou que 116,8 milhões de brasileiros conviveram com algum grau de insegurança alimentar, sendo que 9% do total vivenciaram insegurança alimentar grave, ou seja, passaram fome. Com o agravamento da crise econômica, o Fundo das Nações Unidas para a Infância (Unicef) alertou para o aumento do trabalho infantil durante a pandemia: 26% entre os meses de maio e julho de 2020 em São Paulo. O fechamento das escolas agravou a situação, pois muitos se alimentavam da merenda escolar. Em novembro de 2020, 1,5 milhão de crianças e adolescentes não frequentavam a escola (remota ou presencialmente) e outros 3,7 milhões estavam matriculados, mas não conseguiram desenvolver as atividades escolares seja por falta de acesso à internet, pelo agravamento da situação de pobreza ou por outros fatores.

De volta às histórias reais que ilustram tais números, vamos viajar à outra ponta da cidade, no extremo sul. A máxima "vender o almoço para comprar a janta" nunca fez tanto sentido na vida de Sandra e Luanda. Com dezoito e quinze anos, as primas costumavam pedir dinheiro e comida em um shopping da mesma região, que foi fechado no início da quarentena. Para chegar ao estabelecimento, elas "roletavam" no metrô. A expressão é usada por adolescentes que esperam o segurança se distrair para pular a catraca. Para a escola, não iam.

Com a pandemia, a solução foi buscar por doações de amigos e familiares. Elas dizem que estão acostumadas a se virar sozinhas desde cedo. Começaram a trabalhar aos sete e dez anos de idade, coletando papelão. Muitas vezes, o dinheiro da reciclagem só dava para o leite e o pão do dia seguinte. Quando rendia menos, a família comprava farinha para fazer mingau no café da manhã.

Apesar da pouca idade das meninas, o medo das ruas ainda era menor que o medo do abuso sexual, praticado constantemente pelo marido da avó, dentro de uma casa de madeirite construída na beira de um rio. A violência cessou somente com a separação do casal.

Mais atraentes que o shopping, só mesmo as aulas de dança, nas quais foram matriculadas depois da abordagem da assistência social. Estava tudo certo para as meninas começarem a "esperançar": a família estava sendo atendida pela rede de proteção, elas tinham atividades no contraturno escolar e o vínculo com a escola começava a ser fortalecido. Falaram até em concluir o Ensino Médio e ingressar na universidade. Contudo, as restrições impostas pela pandemia acentuaram as desigualdades já existentes no país, assim como na vida dessas jovens. Agora, Luanda está grávida de sete meses.

No início da quarentena, com as ruas vazias e os comércios fechados, o inimigo era invisível e desconhecido. Era apavorante se expor aos novos tempos. Qual é a melhor máscara? Serve a de pano? O uso de luvas é eficaz? E se começar a faltar produto no mercado? Carrinhos lotados garantiam o estoque das famílias que tinham condições para isso. Mas até o medo da doença se tornou um privilégio.

A pandemia da fome impôs outras lógicas à população em vulnerabilidade, criando um abismo entre realidades já tão contrastantes. Quando o estômago gritou, as crianças se lançaram às ruas em busca de comida. A fila da fome ainda não teve fim.

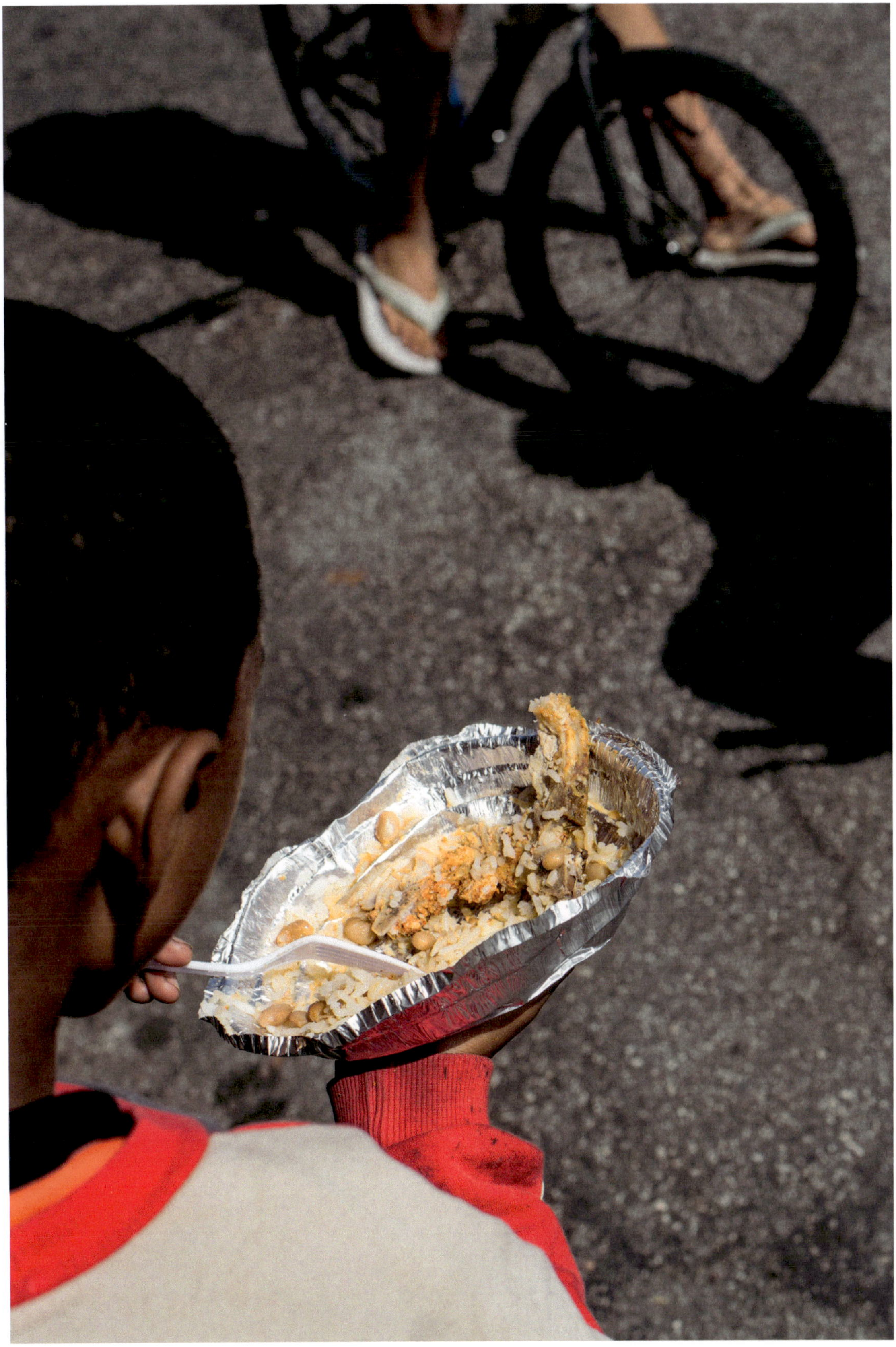

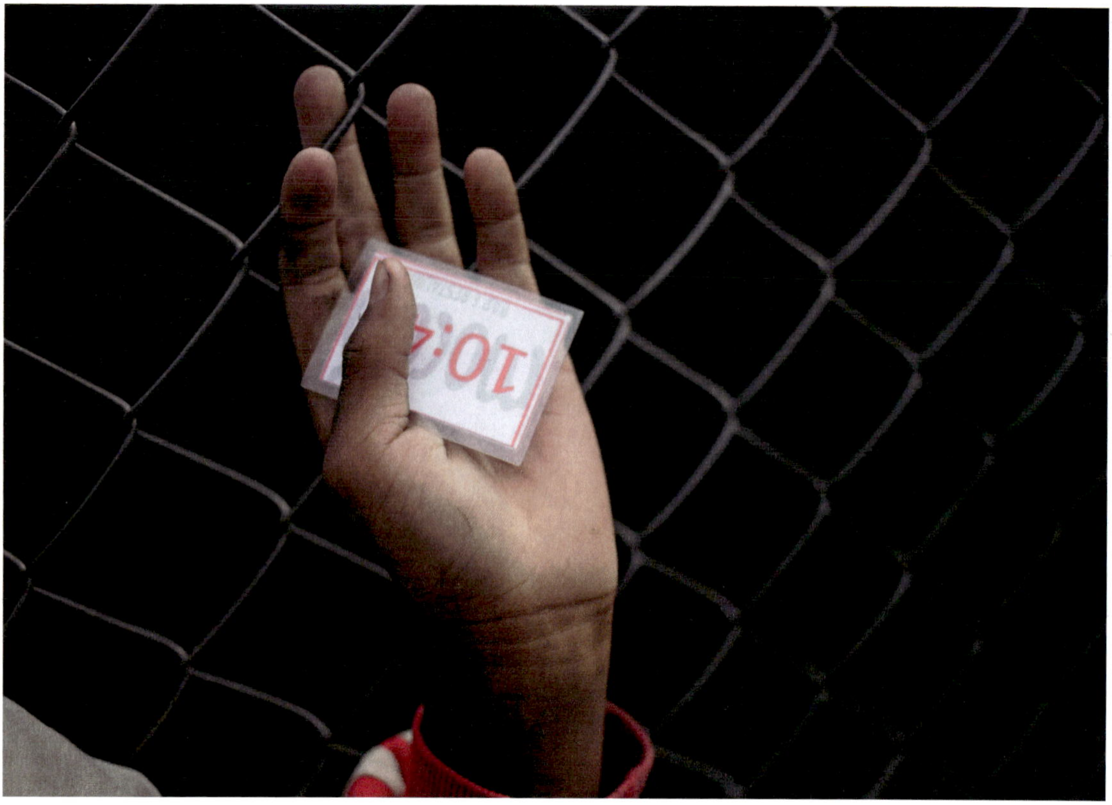

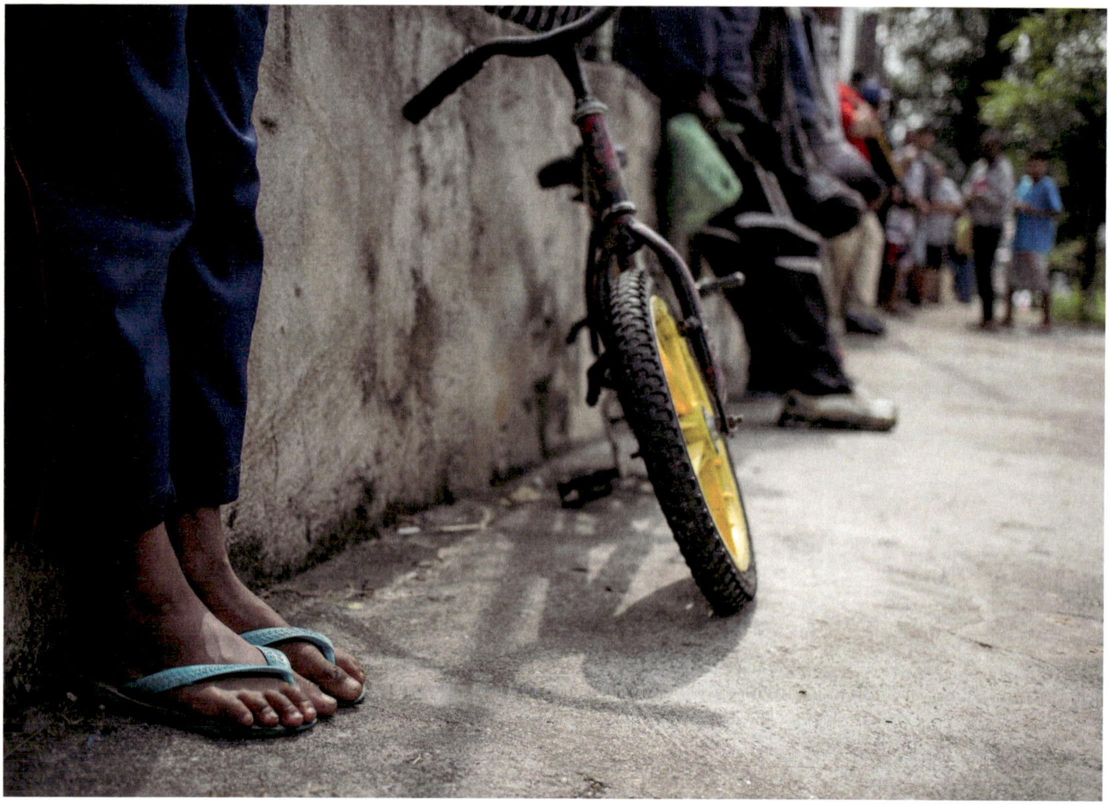

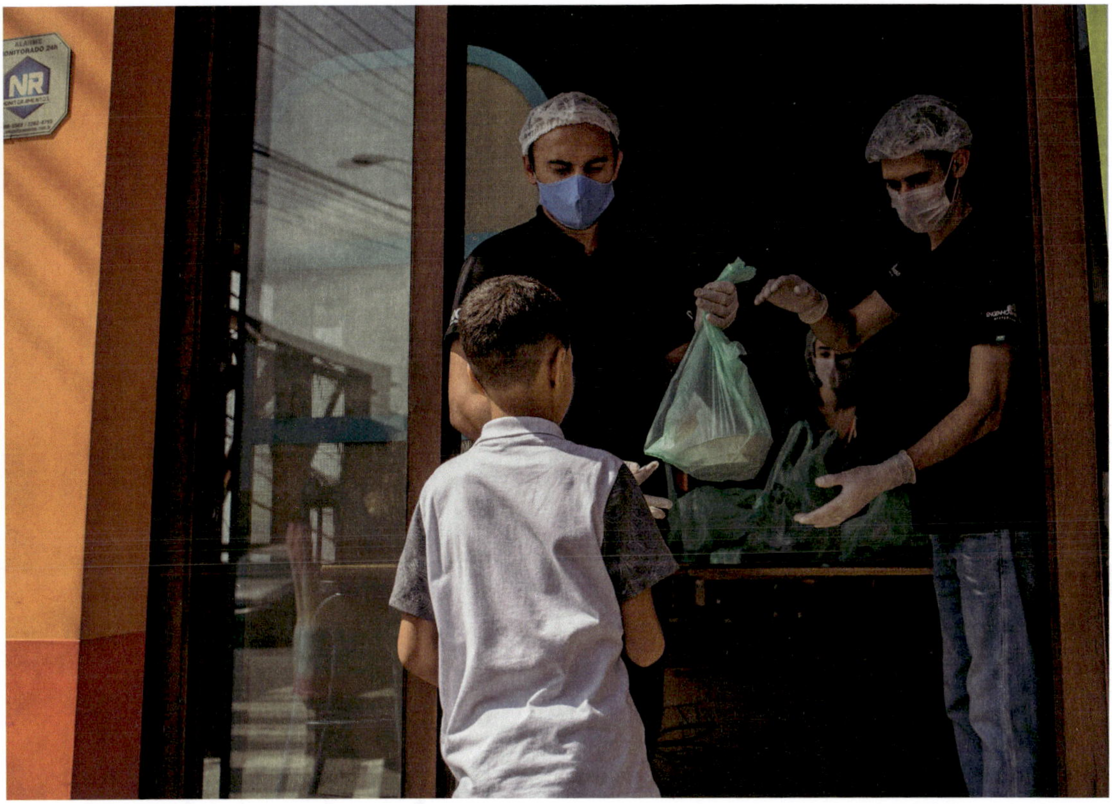
ALARME
ONITORADO 24h
NR

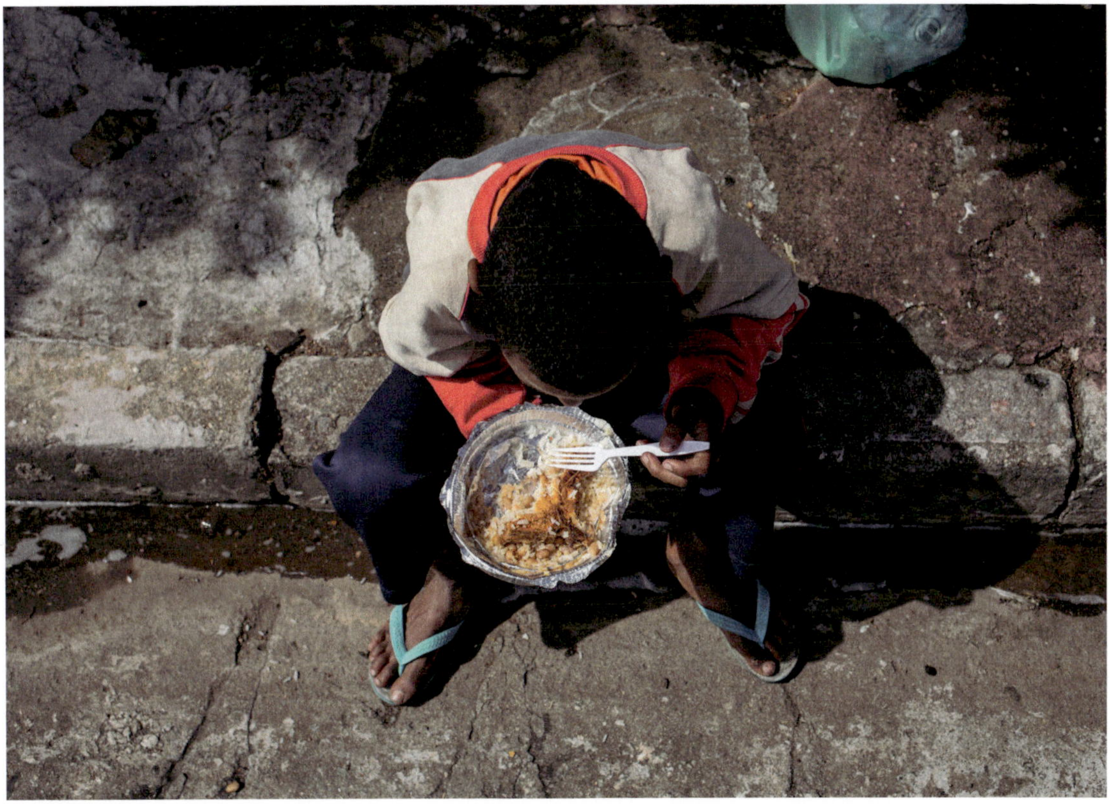

UM POSSÍVEL RECOMEÇO

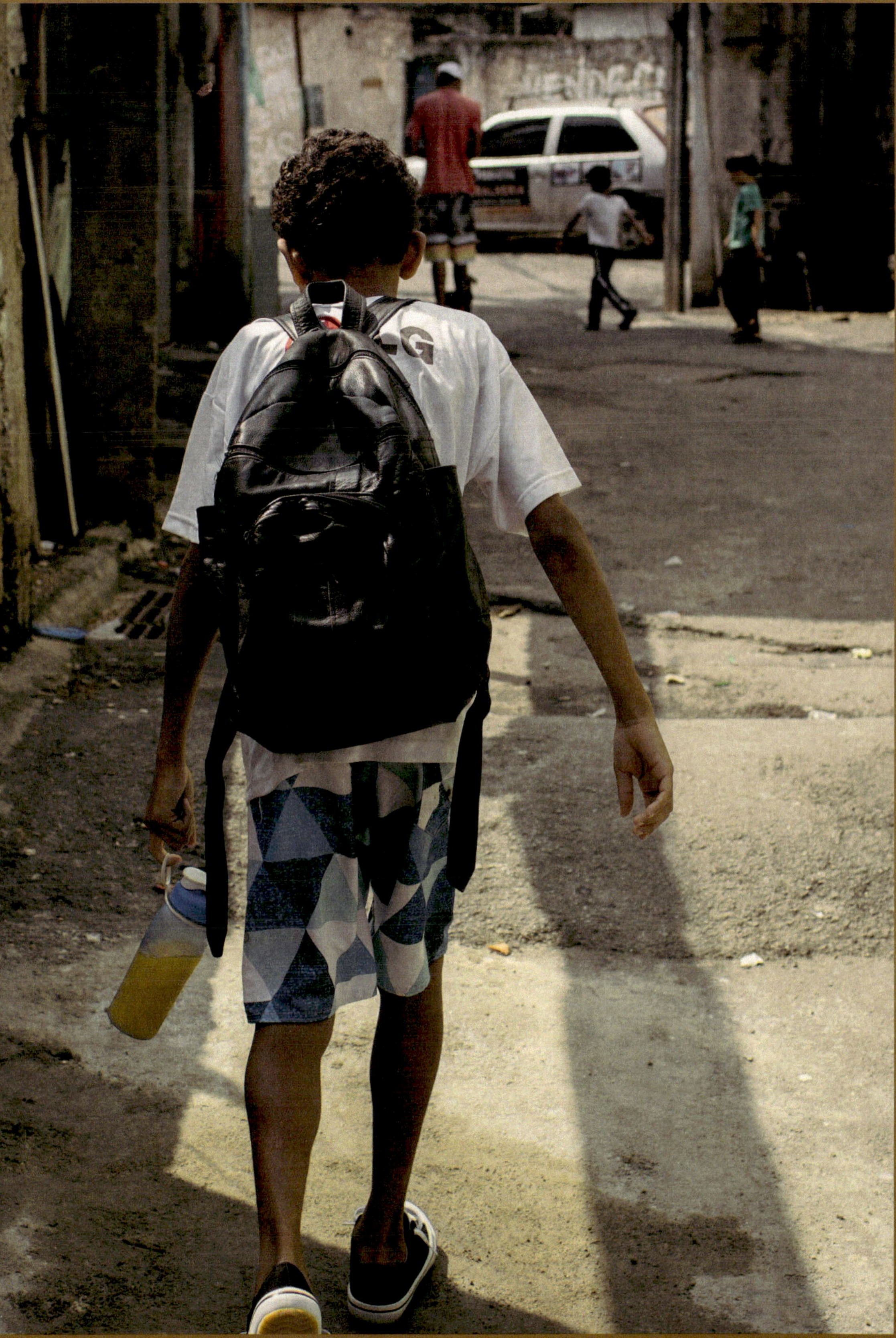

ponteiro do relógio marcou uma da tarde em uma comunidade do Jardim Ângela, na Zona Sul de São Paulo. "Coloca o uniforme para ir à escola", orientou Bárbara, mãe de Beto, de cinco anos. Beto é a primeira geração da família a não trabalhar na infância, podendo se dedicar apenas aos estudos.

Com 23 anos, Bárbara foi mãe aos dezoito e sustenta dois filhos com os 170 reais mensais recebidos pelo programa Bolsa Família. Ela está desempregada há dois anos. Antes, trabalhava como cozinheira em um shopping na região central da cidade.

Romper com o trabalho infantil, apesar das enormes dificuldades e da falta de políticas públicas para sanar o problema, ainda representa a melhor chance de superar um longo ciclo de marginalização. É o que mostram diversos estudos e o que a família de Beto sente na pele.

Bárbara nos recebeu na casa de sua mãe, Judite. Era hora do almoço, mas não havia aquele cheirinho de feijão. Judite teve doze filhos, e a idade dos caçulas regula com a idade dos quatro netos, dois filhos de Bárbara e dois filhos de sua irmã Alice, de 22 anos.

Entre filhos e netos, nove crianças e adolescentes de dez meses a dezoito anos passam os dias juntos na comunidade. A alimentação fica por conta da merenda escolar, servida a dois quarteirões de onde vivem. Essa é a sorte. Com a baixa renda, a família não consegue garantir a nutrição que gostaria para os filhos.

A casa onde a família se reúne tem sala, quarto, cozinha e banheiro, mas sem janela nos cômodos. Para iluminar, luz elétrica improvisada. No banheiro não há descarga. A umidade favorece o mofo.

Sentada no sofá, Bárbara contou que começou a trabalhar com treze anos, vendendo churrasco na porta de estádios. Ela era levada de carro pela vizinha, junto com a irmã Alice, com dez anos na época. Como os jogos são à noite, as meninas chegavam tarde em casa. Cansadas, acabavam faltando na escola. O desinteresse pelos estudos resultou na evasão escolar de Bárbara no oitavo ano do Ensino Fundamental e de Alice no primeiro ano do Ensino Médio.

Apesar da pobreza, as mães fazem um grande esforço para manter as crianças na escola. O desejo delas é que os filhos se formem e se profissionalizem antes de constituir família. Apesar de amarem os filhos, não gostariam que eles se tornassem pais tão cedo quanto elas. A consciência a respeito dos malefícios do trabalho infantil foi estimulada pela abordagem da assistência social e pela história de vida das mulheres da família.

A matriarca Judite, de 47 anos, começou a trabalhar aos dez na roça, na Bahia, e parou de estudar na antiga quarta série. Aos quinze anos foi para Guarulhos, cidade da Região Metropolitana de São Paulo, trabalhar na casa de uma família. Ela tinha um quarto e fazia todo o serviço doméstico, sem horário definido. Engravidou aos dezesseis anos e teve nove filhos com o primeiro marido.

Depois de quinze anos de casamento, Judite se divorciou. Teve mais três filhos de um segundo relacionamento. Foi com o caçula Luiz, de onze anos, que tudo começou a mudar. Aos nove, o menino ajudava Judite a coletar papelão na rua, até que a assistência social identificou a família e realizou a abordagem.

A assistência o inscreveu em atividades de contraturno escolar oferecidas por serviços da prefeitura. Orientadoras socioeducativas também passaram a visitar a família, que não conhecia muito bem os caminhos de acesso ao programa Bolsa Família. Com apoio das profissionais, a situação foi regularizada. Ainda é duro, mas já foi pior.

A consciência é praticamente a única ferramenta de combate ao trabalho infantil. Os adultos não conseguem emprego digno. Mães criam os filhos sozinhas, sem apoio dos pais. O tráfico convida diariamente os adolescentes a uma renda que seria inalcançável de outra maneira, mesmo que trabalhassem noite e dia.

As pessoas pedem mais oportunidades e mais atenção do Estado. É preciso muita esperança e resistência para manter a fibra. Rompendo o ciclo do trabalho infantil, Judite e as filhas estão tentando transformar o futuro da família, que se repete em tantas histórias de crianças e adolescentes brasileiros.

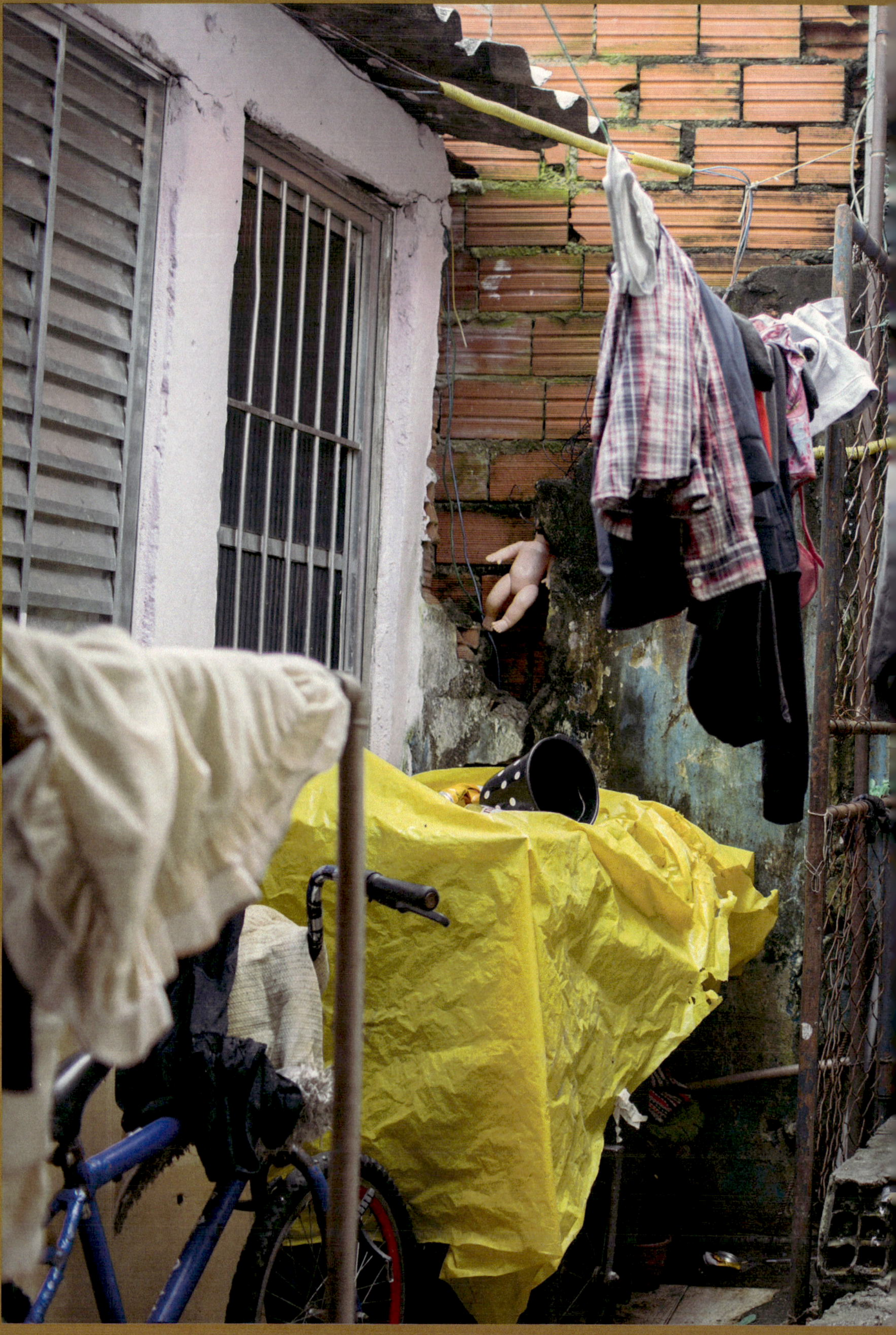

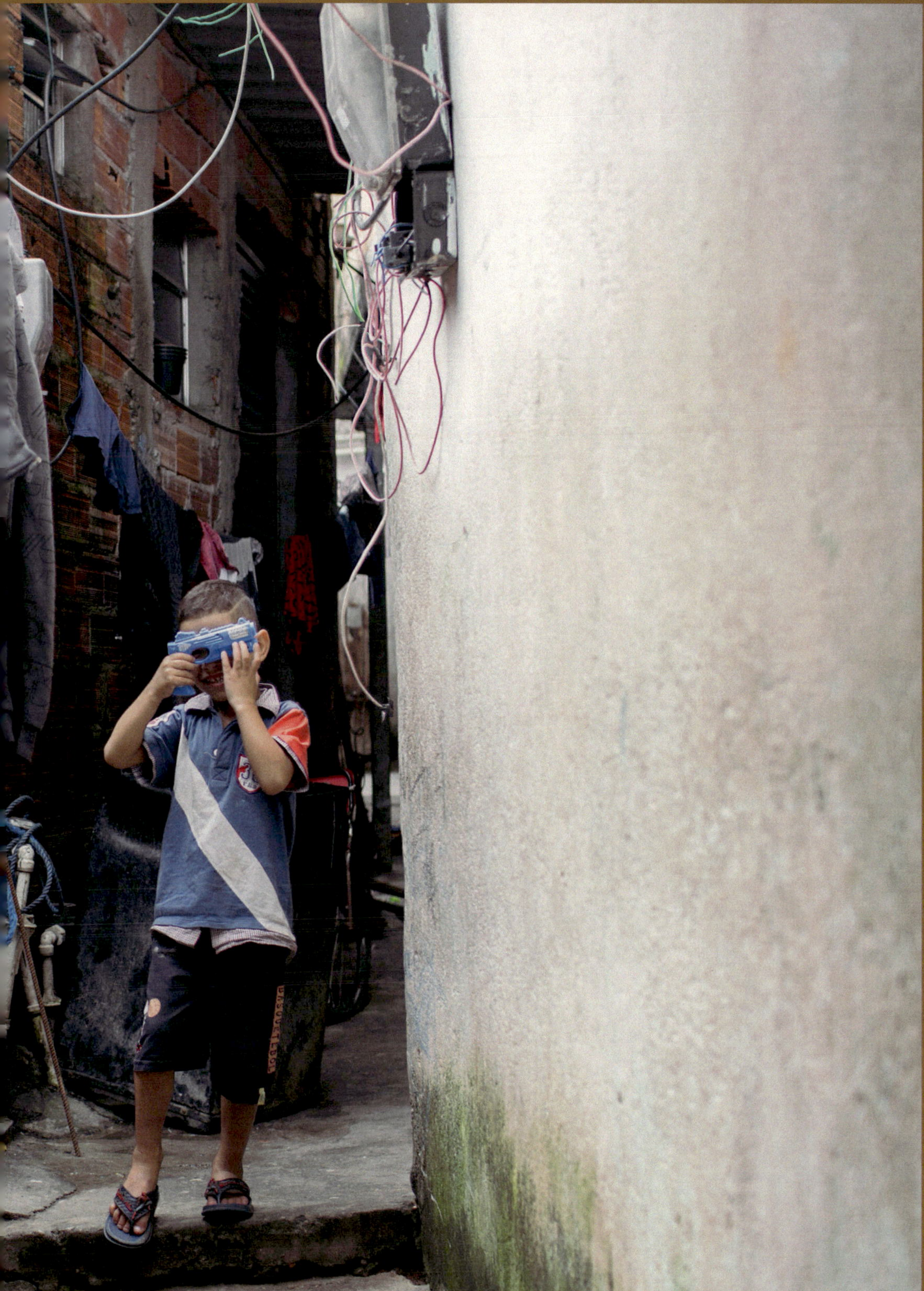

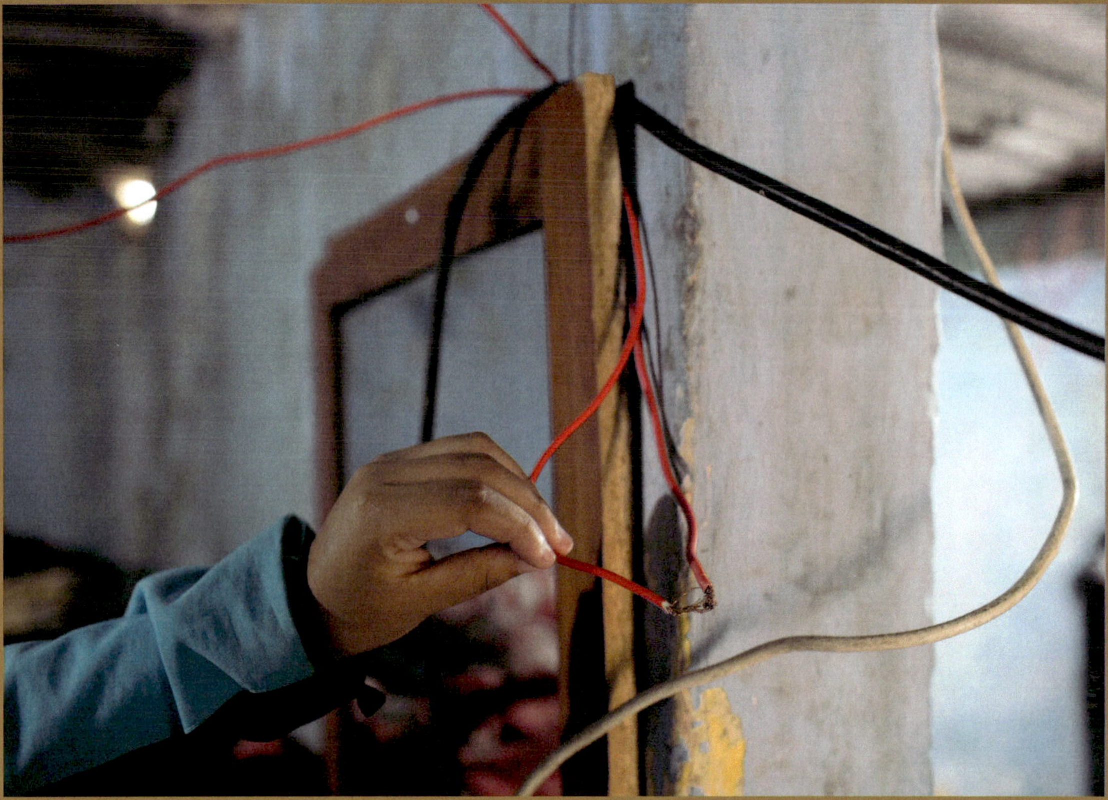

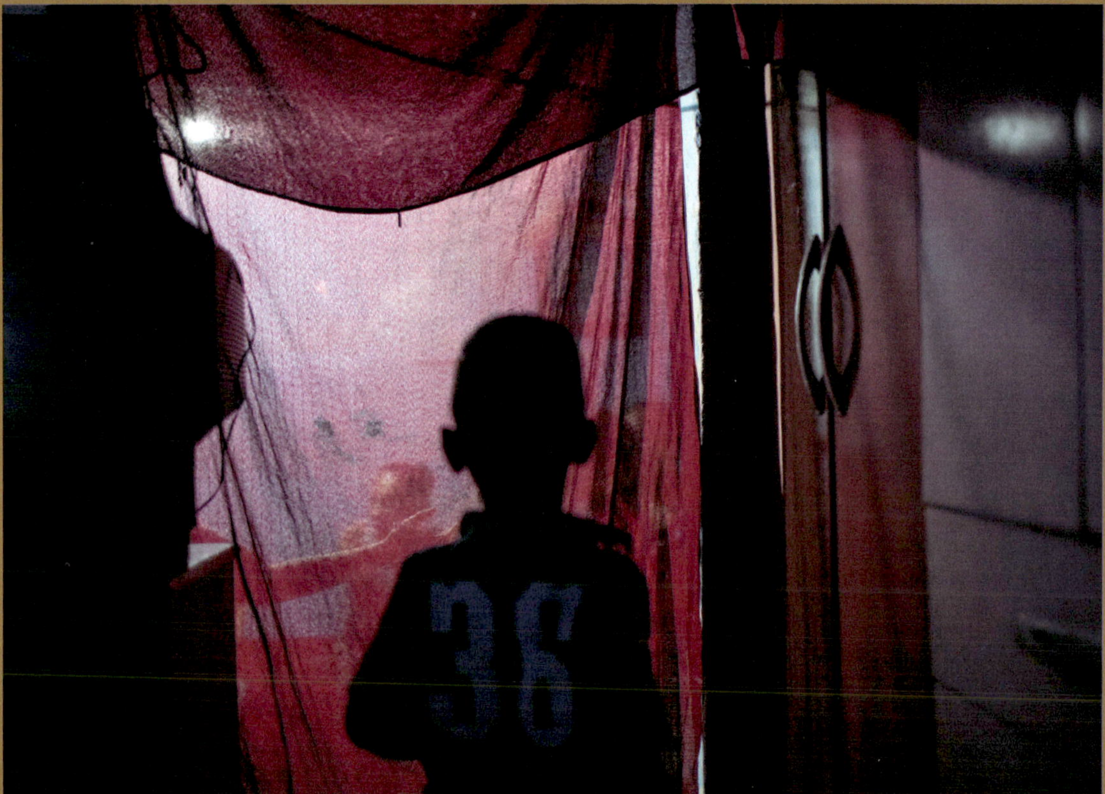
36

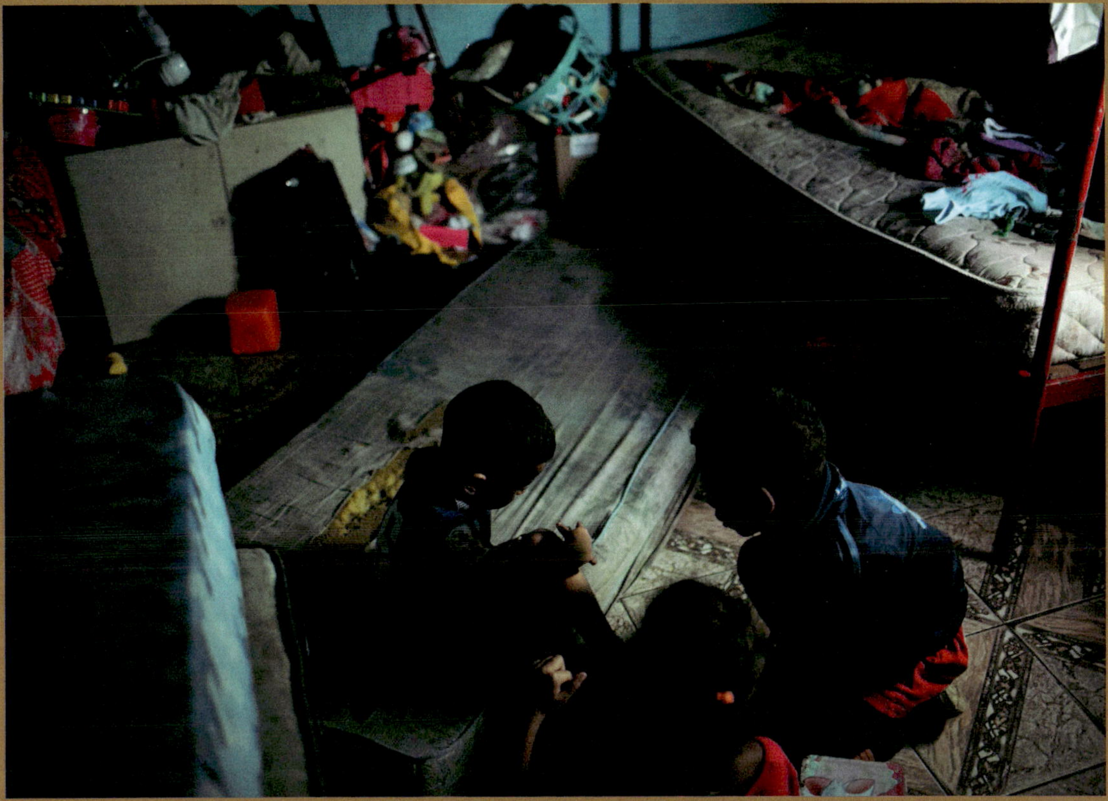

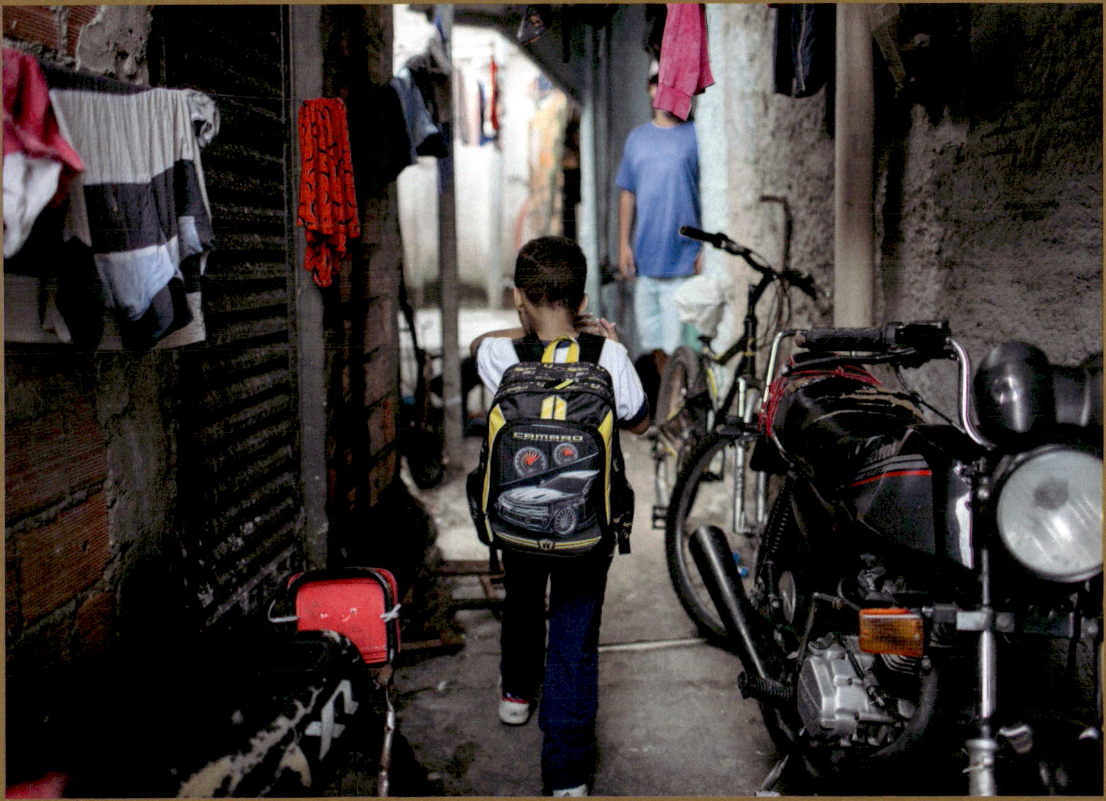
CAMARO

O TRABALHO INFANTIL NO BRASIL*

O QUE É TRABALHO INFANTIL?

É toda forma de trabalho realizado por crianças e adolescentes abaixo da idade mínima permitida de acordo com a legislação de cada país. No Brasil, é proibido para quem ainda não completou dezesseis anos. Quando realizado na condição de aprendiz, é permitido a partir dos quatorze anos. Se for trabalho noturno, perigoso e insalubre ou alguma das atividades elencadas pela Lista das Piores Formas de Trabalho Infantil (Lista TIP) da Organização Internacional do Trabalho (OIT), a proibição se estende aos dezoito anos incompletos.

Ao longo do século XX, o Brasil teve diferentes idades mínimas para o trabalho: a Constituição de 1934 o proibia antes da idade mínima de quatorze anos, e a Constituição de 1967, por meio de Emenda Constitucional, em 1969, reestabeleceu a idade mínima de doze anos que vigorava no país no fim do século XIX. Por meio da Emenda Constitucional nº 20, que alterou a Constituição de 1988, a idade mínima para o trabalho foi revista para os parâmetros atuais.

CAUSAS DO TRABALHO INFANTIL

Pobreza, educação precária, racismo e questões culturais são algumas das causas do trabalho infantil atualmente. Contudo, ao longo

---

* Fonte: Projeto Criança Livre de Trabalho Infantil.

da história, tais causas foram diferentes, pois nem sempre as crianças foram vistas segundo o conceito etário vigente.

Na Europa, até o século XII, a violência praticada por senhores e mestres contra crianças era normalizada. Também não havia o conceito de adolescência. Tão logo a criança pudesse dispensar o auxílio da mãe, passava a assumir responsabilidades que são associadas ao mundo adulto.

No Brasil, o trabalho infantil é um fenômeno social presente em toda a nossa história. Entre os séculos XVI e XIX, crianças de origem indígena e africana foram submetidas à escravidão, assim como suas famílias. Dos mais de quinhentos anos de história do país, cerca de trezentos deles foram imersos no regime escravocrata – longo período que deixou profundas marcas na nossa sociedade, sobretudo na forma de racismo estrutural e institucional.

Os filhos de trabalhadores livres também ingressaram cedo em atividades do campo e da cidade. Quando o país começou a se industrializar, nos séculos XIX e XX, muitas crianças foram trabalhar em atividades fabris de diversos ramos, assim como em novas atividades do setor terciário (comércio de bens e prestação de serviços).

Até a década de 1980, havia um certo consenso na sociedade brasileira sobre o trabalho ser positivo para crianças em vulnerabilidade social. Considerava-se que estavam em "situação irregular" a partir de uma doutrina que distinguia "crianças" de "menores" de acordo com a classe social, entre outros critérios discriminatórios, gerando estigmatização de crianças pobres e, em sua maioria, negras.

"É melhor trabalhar do que roubar ou ficar na rua", "trabalhar não mata ninguém", "trabalho traz futuro" ou "trabalhar forma o caráter da criança" eram algumas frases comumente reproduzidas pelas pessoas. São os chamados mitos do trabalho infantil. Tal conceito vem sendo desconstruído conforme a legislação e a literatura avançam no debate sobre as consequências do trabalho infantil. Nesse processo, destaca-se a proteção integral garantida pela Constituição Federal de 1988 e reforçada pelo Estatuto da Criança e do Adolescente (ECA) de 1990, que estimulou a defesa dos direitos fundamentais de crianças e adolescentes pelo Estado, pela família e pela sociedade.

Apesar disso, o trabalho infantil ainda existe e as estatísticas evidenciam o impacto do racismo: 66,1% de crianças e adolescentes em situação de trabalho infantil são pretas ou pardas. Por isso, a erradicação do trabalho infantil pressupõe não só a erradicação da pobreza, mas também o combate ao racismo.

CONSEQUÊNCIAS DO TRABALHO INFANTIL

O trabalho infantil tem impactos físicos, psicológicos, educacionais e econômicos. Além de, muitas vezes, reproduzir o ciclo de pobreza da família, prejudica a aprendizagem da criança ou a exclui da escola.

Segundo o Instituto Brasileiro de Geografia e Estatística (IBGE), em 2019, 14% das crianças e dos adolescentes que trabalhavam estavam fora da escola. Entre os que não trabalhavam, o índice era de 3,5%.

Quanto mais precoce é a entrada no mercado de trabalho, menor é a renda obtida ao longo da vida adulta. Esse sistema mantém os altos graus de desigualdade social.

A precocidade também torna a criança mais vulnerável à violência sexual, a lesões por esforços físicos, a acidentes nas ruas ou com máquinas e animais no meio rural e à gravidez precoce, entre outras consequências.

Dados do Sistema de Informação de Agravos de Notificação (Sinan), do Ministério da Saúde, mostram que 279 crianças e adolescentes de cinco a dezessete anos morreram e 27.924 sofreram acidentes graves de trabalho entre 2007 e 2019, no Brasil. No mesmo período, 46.507 jovens tiveram algum tipo de agravo de saúde em função do trabalho.

ESTATÍSTICAS

Trabalho infantil no Brasil (2019)*

1,768 milhão de crianças e adolescentes entre 5 e 17 anos trabalham no Brasil

GÊNERO

FEMININO
33,6%

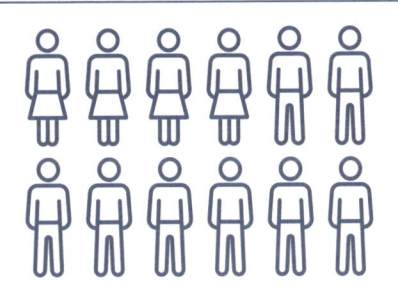

MASCULINO
66,4%

IDADE

5-13 ANOS
21,3%

14-15 ANOS
25,0%

16-17 ANOS
53,7%

RAÇA

NÃO PRETAS OU PARDAS
33,9%

PRETAS OU PARDAS
66,1%

MEIO

URBANO
75,8%

RURAL
24,2%

* Fonte: Instituto Brasileiro de Geografia e Estatística (IBGE). *Pesquisa Nacional por Amostra de Domicílios Contínua (PNAD Contínua)*. Rio de Janeiro: IBGE, 2019.

COMO POSSO AJUDAR A ENFRENTAR O TRABALHO INFANTIL?*

Não dê esmolas e não compre nada de crianças
Campanhas em todo o mundo pedem que as pessoas não deem esmolas nem comprem produtos de crianças, para não perpetuar o ciclo do trabalho infantil. Só o rompimento desse ciclo tirará a criança da situação de vulnerabilidade.

Apoie projetos sociais
Uma forma eficaz de colaborar com a causa é apoiar organizações que atuam na proteção da infância e da juventude por meio de doações.

Mobilize sua rede
Em tempos nos quais muitas das principais discussões globais vão parar nas redes sociais, disseminar conteúdos de qualidade é uma potente ferramenta de sensibilização.

Denuncie
Ao suspeitar que uma criança esteja trabalhando, denuncie. Nem sempre o trabalho infantil é facilmente detectado pelas autoridades. Para esse tipo de denúncia, há o Disque 100, canal que encaminha as notificações para a rede de proteção, visando atender a família por meio de políticas públicas sociais. Há ainda aplicativos que são importantes ferramentas de denúncia, como o Direitos Humanos Brasil e o MPT Pardal.

Seja um consumidor consciente
Os consumidores também podem colaborar nessa luta, no chamado consumo consciente.

Seja um empresário consciente
Muito já se ouviu sobre escândalos envolvendo empresas que exploram mão de obra infantil. Trata-se de uma realidade que os empresários não podem ignorar: eles são responsáveis pelos seus funcionários e também pelos das empresas que estão em sua cadeia produtiva.

* Fonte: Projeto Criança Livre de Trabalho Infantil.

OS AUTORES

BRUNA RIBEIRO

Histórias de pessoas anônimas sempre me encantaram. É nelas que moram as grandes questões da sociedade. É no sensível que a vida acontece. A oportunidade de chegar perto de tais histórias me atraiu para a graduação em jornalismo na Universidade Metodista de São Paulo, por ser uma profissão capaz de promover a transformação social pela contação da vida real.

Foi nessa busca que cursei posteriormente pós-graduação em direito internacional na Pontifícia Universidade Católica de São Paulo (PUC-SP), com extensão na Academia de Direito Internacional de Haia, na Holanda, aprofundando meu trabalho como repórter na área de educação e direitos humanos, até chegar ao trabalho infantil.

Em 2015, depois de passar pelas redações do *Jornal da Tarde*, de *O Estado de S. Paulo* e da revista *Veja São Paulo*, comecei um blog sobre direitos de crianças e adolescentes no *Estadão*, que continua ativo. No ano seguinte, ingressei no projeto Criança Livre de Trabalho Infantil, da Cidade Escola Aprendiz, no qual atuo como gestora.

Na época, o fotojornalista Tiago Queiroz Luciano havia publicado um ensaio fotográfico de meninos que se pintavam de prateado para pedir dinheiro no metrô e nas ruas de São Paulo. Comovida com as fotos e envolvida na crescente pesquisa sobre o tema, procurei-o para contarmos juntos as diversas histórias aqui retratadas. Espero que tenhamos conseguido honrá-las.

@brunaribeirosoueu

TIAGO QUEIROZ LUCIANO

Sou formado em jornalismo pela PUC-SP e, desde a faculdade, era o fotógrafo da turma, em um período em que ainda não havia câmeras digitais, muito menos celulares com câmera.

No início, trabalhei como assistente de fotógrafo publicitário e não me adaptei aos fundos infinitos e às portas e janelas fechadas do estúdio. O fotojornalismo foi a realização do sonho de unir duas grandes linguagens: a escrita e a visual.

Trabalho como repórter fotográfico no jornal *O Estado de S. Paulo* há quase vinte anos, onde desenvolvo as mais diversas pautas para as várias editorias do periódico. Tenho especial predileção por reportagens de personagens anônimos da cidade. Pautas que, muitas vezes, estão invisíveis nas chamadas dos principais noticiários.

Em grandes coberturas, também tive a oportunidade de fotografar tais anônimos, como no terremoto que devastou o Haiti, junto com o repórter João Paulo Charleaux, e em uma viagem pela Amazônia, onde refiz o trecho final de uma expedição centenária de Euclides da Cunha pelos limites entre Brasil e Peru, acompanhado pelo saudoso editor Daniel Piza. A viagem resultou no livro *Amazônia de Euclides*, publicado em 2010.

Em algumas reportagens, também escrevo. Talvez por minha formação, nunca acreditei muito na frase "uma foto vale por mil palavras". Textos e imagens se complementam no objetivo de informar sobre determinado assunto.

Espero que este livro feito a quatro mãos, escrito pela colega Bruna Ribeiro, uma boa escutadora de histórias, e ilustrado pelas imagens que capturei, acrescente reflexão a um problema estrutural de nossa sociedade: o trabalho infantil.

@tqueirozl

AGRADECIMENTOS

Agradecemos à Cidade Escola Aprendiz, organização da sociedade civil, que publicou nossas primeiras reportagens e fotos sobre o tema no projeto Criança Livre de Trabalho Infantil. A relação de confiança com as fontes foi chancelada pela credibilidade da organização em mais de vinte anos de atuação em educação e direitos humanos. Por lá também contamos com o apoio de profissionais sem os quais este livro não existiria.

Às nossas fontes e parceiros que constroem coletivamente a agenda de enfrentamento ao trabalho infantil no Brasil, sempre dispostos a conversar, trocar, refletir e nos indicar caminhos para concretizar esse trabalho. Às famílias, crianças e adolescentes que compartilharam suas histórias conosco e se tornaram os grandes protagonistas deste livro. Aos fotógrafos Sergio Larrain e Lilo Clareto, que retrataram a vulnerabilidade social e o trabalho infantil e que muito nos inspiraram.

Agradecemos aos nossos familiares pelo incentivo e carinho ao longo de toda jornada, especialmente nossos pais e avós, que torceram por nós desde o início da nossa carreira no jornalismo. Ao Pedro e à Daniela, pelo amor, aconchego e suporte.

Aos amigos de todas as horas que participaram ativamente dessa construção e nunca soltaram as nossas mãos: Alessandra, Alice, Ana Luísa, Ana Matie, Carol Marcelino, Carol Sauer, Luiza, Marcus Vinícius, Mayra, Moraes, Olívia, Roberta e Tau.